ヨベル新書
074

チャレンジ!
聖書通読

鎌野善三[著]

YOBEL,Inc.

装丁　ロゴスデザイン：長尾　優

まえがき

2001年に『3分間のグッドニュース 福音』を上梓してから、すでに20年が過ぎました。2019年に新改訳2017に準拠して修正加筆した改訂版も、『歴史』は現在第二刷をしていただいています。聖書通読を試みておられる多くの兄姉に、なんらかの助けになっているとしたら、著者として大きな喜びです。

そんな中で、ヨベルの安田社長から「通読に踏み出すきっかけとなるような本を書いてみたらどうでしょうか」という提案を受けました。聖書通読から多くの恵みを受けた私としては、願ったり叶ったりのお申し出。牧会伝道の合間に、祈りを込めてこの働きに取り組みました。「聖書通読の手引き書」のまた「手引き書」のような本書です。手軽に読めるコンパクトなものをということで、このような装丁にしていただきました。安田社長の親切なご助言に心から感謝します。

読みやすいようにと願って、書き方をいろいろ工夫しました。

①四つの章は、それぞれ四つのエピソードで成っています。聖書通読の動機づけの章から始まって、その方法を具体的に記す章を二つ、最後に通読から発展した読み方を例示する章という構成です。最初から順に読んでいただくのがお勧めですが、それぞれの章は独立していますので、どこから読んでいただいても参考になると思います。

②一つのエピソードは、最初二頁で自分の経験や具体的な事例を記し、次の四頁ほどでそのことに関連する聖書箇所からの説教を掲載しました。『3分間』では字数の制限で書けなかった例話も用いています。律法・歴史・詩歌・預言という旧約の四区分と、福音書・使徒・書簡・黙示録という新約の四区分から、少なくとも一書を選びました。

③どの説教も、「聖書通読を励ます」というテーマに基づいて書き下ろしたもので、クリスチャンの社会的責任などについてはほとんど触れていません。教会での礼拝説教ではないことをご承知ください。

④最後の章には、『3分間』を用いた十二人の方々の証しを掲載させていただきました。きっと、これから通読したいと願っている方のお役に立つことでしょう。

では、聖書という「宝箱」から、生涯の財産を発見してくださることを願いつつ。

チャレンジ！　聖書通読

目次

第一章　聖書通読の益

「ごりやく」を求めて通読するのではありません。
しかし、神のことばを聴くことは、日々の生活
に驚くほどの益をもたらしてくれます。

1　神の選びを知る（エレミヤ書　1章1～10節）

わたしは、あなたを胎内に形造る前から　あなたを知り、
あなたが母の胎を出る前からあなたを聖別し、
国々への預言者と定めていた。（5節）

私は、丹波柏原にある教会の牧師家庭で、兄二人、姉五人の八人きょうだいの末っ子として生まれました。私だけ太平洋戦争後の誕生です。長姉は19歳も年上で、すぐ上の姉とも7歳の差があります。小学生の頃、母が教えてくれました。「七人の子どもが生まれた後、実は二人の子を授かったけど、二人とも死産だった。おまえがお腹に宿ったことがわかった時、私は神様に祈ったの。この子が元気で生まれるなら、神様のために献げますと。」

私に何のことわりもなくそう祈ったという母親は、徹底してその祈りに忠実でした。2歳こ

ろには、「大きくなったら何になるの」と尋ねられると、「伝道者になる」と答えるように教えこまれていました。実際は「ドンデンチャ」と発音していたそうですが。さらに、小学1年生になったときには、1955年に完成したばかりの「口語訳聖書」を、「毎日一章、声に出して読みなさい」と言ってプレゼントしてくれました。私にとっては、国語の教科書よりはるかに難しい本でした。朝、学校に行く前、母は台所で私の読む声を聞いています。何とか早く聖書を読み終えて学校に行かなければ、という思いがあって、読むスピードはどんどん速くなってきました（私の早口はこのころの訓練の賜物でしょうか）。母のこの配慮が、私の生涯にわたる聖書通読のきっかけとなったのです。

中学・高校になってもこの習慣は途切れることなく続いていました。周囲の人たちからは「優等生」と認められていた私でしたが、人には決してわからない幾つかの罪がありました。「このままでは神様に用いられるはずがない」ということは十分わかっていました。そして高校二年生の夏。バイブル・キャンプでの夜の集会で、エレミヤへの主のことばが私の魂に飛び込んできました。親でもない。自分自身でもない。主なる神が「国々への預言者として定めていた」と私に語りかけてくださったのです。その時が、私の悔い改めの時であり、また「伝道者」への召命の時でした。

エレミヤは、ヨシヤ・エホヤキム・ゼデキヤという三人の王が南王国を支配していた時代に、預言者として活動するよう、神に召されました。紀元前600年前後だと推測されています。それは、**「困難な時代」**でした。

列王記や歴代誌を読むと、この時代、北王国がアッシリア帝国に滅ぼされてからすでに100年ほどが経っていたことがわかります。何とか生き延びた南王国も、ヨシヤ王が宗教改革をしたにもかかわらず、その後は神に従わない王が続き、新興のバビロニア帝国の軍靴の響きも日増しに強くなってきていました。神に選ばれたはずの国がそのような状態に陥ったのは、神に信頼せず、自国の軍事力や自分を守ってくれる同盟国によりすがっていた結果でした。そのような時代に、エレミヤは神のことばを人々に伝えるために、「母の胎を出る前から」預言者として定められていたのです。

旧約聖書に預言者は何人も登場しますが、彼らは共通して「困難な時代」に神の召命を受けました。今の日本もあるいは世界も、まさに困難な時代に直面しているように思えます。飢饉・戦争・疫病・天変地異（気候変動）などは、昔も今も、変わらずにおこっています。このような困難の中で、人間の知恵や力により頼んでいる人々に悔い改めを宣言し、「神の愛と正義に信頼せよ」と語る預言者が必要とされています。

そのような時代だからこそ、神は**「無力な人物」**を預言者として立てられます。エレミヤの前に活躍したイザヤは無力には思えないかもしれません。しかし、6章でイザヤ自身が「この私は唇の汚れた者」（5節）であることを認めています。エレミヤはもっと無力でした。「私はまだ若くて、どう語ってよいか分かりません」と、6節で語っています。しかし主は、自分の罪深さや力のなさを認めている者だからこそ、敢えて選ばれるのです。能力や才能がある者は、神にではなく自分に頼ってしまいます。本当は、その能力や才能は神から預けられているだけのものであることを謙遜に認めねばならないにもかかわらず。

ある青年が、「聖書を読めば読むほど、自分の罪深さが分かってくる」と告白してくれました。私は「それが聖書の役割ですよ」と答えました。私も、成長するとともに「個人的な自分の罪」に気づきました。とても伝道者にはなれないと思いました。しかし、それが神から選ばれていることの証しです。聖書を読む益は、自分の姿を正直に映し出してくれることです。ちょうど鏡が顔の汚れを気づかせてくれるように。

今、神のことばを人々に語る伝道者や牧師が少なくなっています。「私はもう老人で……」「私は女性で……」「私は頭が悪くて……」と言い訳しないでください。神は敢えてそのような「無力な人物」を選んでおられるのです。

「困難な時代」に、「無力な人物」を選ばれた神は、その人に**「絶大な約束」**を与えてくださいます。「わたしがあなたとともにいて、あなたを救い出すからだ」という約束を（8節）。これは新約聖書にも響いている「インマヌエル」の約束です。神ご自身が「わたしは世の終わりまで、いつもあなたがたとともにいます」と言ってくださるなら、恐れることなどありません。無力なままで終わるのではなく、変えられるのです。地を這う青虫が空を舞う蝶になるように。自然界で実際に起きているこの出来事が、今のあなたに起きないはずはありません。この約束をしてくださる神を信頼なさるでしょうか。それとも「いくら神様でもそこまで私を変えることは無理だろう」と思われるでしょうか。

エレミヤは「涙の預言者」と言われています。エレミヤ書を通読するなら、彼が何度もうめいている姿を目の当たりにするでしょう。次に続く「哀歌」もエレミヤの作とされています。彼は変えられたのではないでしょうか。そうです。変えられたからこそ、語り続け、その言葉が消えてしまわないように、「エレミヤ書」と「哀歌」を書いたのです。「わたしのことばを、あなたの口に与えた」との約束を信頼して語り続けました。反対する人が多いので、「もう御名によっては語らない」と思っても、「主のことばは……燃えさかる火のようになり、私は内にしまっておくのに耐えられません」と叫ぶのです（20・9）。

エレミヤに語られた主なる神は、今も、私たちに語っておられます。まずそのことばを聞きましょう。毎日毎日、「今日、神様は私に何を語ってくださるのか」という期待をもって。そうするなら、今日なすべきことが何かがわかります。弱い自分とともにいて働いてくださる主の力を、実際に経験することができるのです。

聖書全体が神のことばです。だから、最初から最後まで、好き嫌いなく読むことが必要です。「内容が複雑すぎて、一度読むだけではわからない」という何人かの信徒の声を聞きました。それなら、少しでもわかりやすく解説することが、「預言者と定めていた」と言われる主にお応えすることだと確信して始めました。それが、後に『3分間のグッドニュース』を著すきっかけになったのです。3年3か月余りの後、それを全うすることができたのは、ただ、主がともにおられたからに他なりません。

エレミヤ書1章5節は、神の恵みの選びによって、小学1年生からずっと聖書を読み続けてきた（というより、読み続けさせられてきた）私に対する、「生ける神のことば」でした。主は、これを読んでおられるあなたにも、また違ったことばをすでに語られたと思います。でもさらに期待してください。これからも主は、求めるならば、毎日のように、「生ける神のことば」をあなたに語ってくださいます。

人生の目的を知る（テモテへの手紙 第二　3章14節〜4章8節）

聖書はすべて神の霊感によるもので、
教えと戒めと矯正と義の訓練のために有益です。
神の人がすべての良い働きにふさわしく、
十分に整えられた者となるためです。（3章16－17節）

小学校1年生から聖書を音読していた私は、国語の成績は抜群でした。それもそのはず。学校で「さいた、さいた、さくらがさいた」と勉強している時、私は家で「はじめに神は天と地とを創造された」と声に出して読まねばならなかったからです。深い意味は全くわかりませんでした。しかし物語としてはおもしろく読んでいました。アダムとエバの話とか、ノアの洪水の話とか、すでに教会学校で聞いていたとは思いますが、自分で直接読むことは楽しいことでした。学校の図書室は、私の最も好きな場所でした。

小学校3年生の担任の先生が、「鎌野君、本を読むのが好きだったら、自分でお話を書いてみたらどう?」と言ってくださったので、その時飼っていた猫を主人公にした「子ねこのニャン吉」という童話を書きました。それがその地域の国語の副読本に掲載されたことは懐かしい思い出です。聖書を読んでいると、自然と読解力はつくもので、当然ほかの教科の理解も深まります。上級生になると、学期ごとの委員長選挙でよく選ばれていました。友だちに、「いやだいやだと言いながら、実はうれしい委員長」などと言っていたことが記憶に残っています。

中学生になったら男の子は新聞配達をするのが鎌野家のならわしです。兄二人がそうだったように、私は毎朝5時半に起床して一時間ほど汗を流しました。帰ってきたら食事をし、その後聖書を読むのが習慣でした。中学校を卒業する頃には、もう3回近く聖書通読をしていたことになります。といってもそのころは気にも留めていなかったのですが。

高校受験といっても、塾などに行くことはありえません。聖書が最高の参考書でした。大学生の頃、テモテへの手紙を読んでいて、自分に書かれたようだなと思いました。パウロは、テモテが「幼いころから聖書に親しんできた」ことを喜び、そのような習慣があったゆえに、「聖書はあなたに知恵を与えて」くれたと書き送っています。

テモテは、信仰深い祖母ロイスと母ユニケの膝の上で育ちました。普通の家庭には書物などなかった時代ですので、多分、祖母や母の記憶にあった旧約聖書のことばを聞かされて育ったに違いありません。幼いころから詩篇23篇などを、暗唱していたことでしょう。素直に育っていた彼にパウロは目をつけて、伝道旅行に同伴することになりました（使徒16章）。それから十数年が過ぎ去ります。投獄され、処刑を覚悟せざるを得なくなったパウロは、多分人生最後になる手紙を若いテモテに書き送りました。自分の生涯がどれほど神の恵みに満ちたものであったかを証しし、「どんな場合にも慎んで、苦難に耐え、伝道者の働きをなし、自分の務めを十分に果たしなさい」（4・5）と励ますのです。

古代ギリシアのオリンピアで始まったスポーツ競技を思いつつ、パウロは記しました。伝道者にとって、**「ルールは聖書」**だと。聖書によって、「キリスト・イエスに対する信仰による救い」を受けるだけでなく、「すべての良い働きにふさわしく、十分に整えられた者となる」ことができるのです。幼いころから親しんだ聖書のことばは、何をすべきか、何をすべきでないかのルールを示しています。ルールがあるからこそ、罪を罪と理解することができます。しかし罪がわかっても、それを赦すために十字架にかけられたキリスト・イエスに対する信仰をもたなければ、救いを受けることはできません。パウロからそれを教えられたテモテは素直に信じ、一緒に伝道の旅に出かけました。その後も聖書を読み続けたテモテは「十分に整えられた者」に成長し、パウロの使命を受け継いだのです。

「三つ子の魂百まで」と言われます。クリスチャン家庭の子どもたちや教会学校の生徒たちを、毎日聖書を読むように励ましましょう。最初は意味が分からなくても、ある程度成長すれば気がつく真理があります。大切なのは読み続けること。高校や大学に進んだとき、魂の内に蓄えられたものがあふれ出てくることは、多くのクリスチャンが経験しています。現在、牧師として奉仕している人たちの大半は、高校生か大学生のときに神の召しを確信した人々であることを知ってください。

しかし、ルールを理解するだけでは「畳の上の水練」でしょう。パウロがテモテを伝道旅行に同行させたのは、**「プレーは伝道」**であることを彼に悟らせるためでした。遺言とも言えるこの手紙で、パウロは言います。「みことばを宣べ伝えなさい。時が良くても悪くてもしっかりやりなさい」と。伝道というと、未信者に福音を伝えることのように受け取られがちですが、パウロは続けて「忍耐の限りを尽くし、絶えず教えながら、責め、戒め、また勧めなさい」と書いています。主イエスを信じても、主の望まれるように生きていけない人たちを、みことばによって育て上げることもまた伝道なのです。

大学時代のことです。１９７０年代の大学紛争の嵐の中で、二人のクリスチャンの友人と共に聖書研究を始めました。「聖研しゃろうむ」と名づけたこの会では、毎回違った聖書箇所についての質問に答える形で、参加者の意見を出し合います。この時、幼いころからの私の聖書知識が功を奏しました。違った分野の学びをしている友人との会話で、多くの新しい発見をし、聖書の深さに感動することが何度もありました。参加者の中から主を受け入れた人も数人います。私の卒業後も志を受け継ぐ人がいて、数年続きました。この時の仲間とは、今も毎年一回再会して、互いに励まし合っています。

「ルールは聖書」「プレーは伝道」のクリスチャン人生ですが、最後に、**「ゴールは御国」**であることを忘れてはなりません。殉教を覚悟していたパウロには、このことは大きな喜びでした。「あとは、義の栄冠が私のために用意されているだけです」と、希望にあふれてテモテに書き送ります。しかも主は、その栄冠を「主の現れを慕い求めている人には、だれにでも授けてくださるのです」。何と嬉しいことでしょうか。クリスチャンの生涯にも苦難はあります。聖書を読み、自分の生活を通して伝道しても、誤解されたり非難されたりすることはあります。しかしゴールで待っている方がおられる。たとえビリの人にも栄冠を授けてくださる方がおられるのです。

28歳で伝道師に任命されてから45年ちかく、多くの兄姉の最期に立ち会わせていただいた中で、忘れられない方がいます。80歳を過ぎてから数か月入院されました。訪問の時、痛みに苦しんでおられる顔に接して、主の憐みを祈るしかありませんでした。病院から教会に戻った直後、電話が鳴り、「亡くなりました」との奥様の言葉。あわてて病院に引き返したのですが驚きました。意識はないようなのですが、にこにこした顔なのです。「お医者さんの心臓マッサージで蘇生してから、この顔です。きっと天国でイエス様に会ったのでしょう」と、奥様の顔も喜びいっぱいでした。そして10分ほどの間に、呼吸は次第に弱くなり、召されていきました。すばらしいゴールインでした。

クリスチャンの生涯は確かにスポーツ競技に似ています。厳しいトレーニングをしなくてはなりませんし、スランプの時もあるでしょう。しかし、学んだルールに従い、喜んでプレーをし、栄光のゴールに向かって進んでいくのです。ただ大きな違いがあります。メダルを得るのは三人だけではありません。一人ひとりを選び、その人独自の人生を備えてくださった恵みの主が、すべての人に栄冠を授けてくださるのです。「信仰の創始者であり、完成者であるイエスから、目を離さないでいなさい」(ヘブル12・2)との励ましがあります。今日も聖書を通してこの方の語りかけを聞き、歩んでいきましょう。

力の源泉を知る（ローマ人への手紙　4章16～25節）

彼は望み得ない時に望みを抱いて信じ、「あなたの子孫は、このようになる」と言われていたとおり、多くの国民の父となりました。（18節）

毎日聖書を一章読むというのが習慣だったと言っても、時には読まない日もありました。小学校6年生のとき、大衆伝道者の本田弘慈先生に祈ってもらってからは、奮起して一日三章読む日もありました。ちょうど詩篇に差し掛かっていた頃です。でも長くは続きませんでした。章の長短はあっても、一日一章が私にはちょうど良い長さだったようです。

高校3年生になり、いよいよ進学先を決めねばならなくなりました。親に相談すると、経済的負担の少ない国公立大学を目指すように言われ、高校の教師と相談しても「なんとか大丈夫だろう」ということで受験勉強に励んでいました。

そのころ、教会仲間の一人が「国際基督教大学という学校、知っている？」と言うのです。初めて聞く名前でした。「国際」という名前がつく大学は他になかった時代でしたので、すぐに興味がわきました。エレミヤ書1章5節の「万国の預言者とした」（口語訳）というみことばが頭の中にあったからでしょう。すぐに調べて手紙を書き、「大学要覧」を送ってもらいました。一読して心が惹かれましたが、親に話すと「学費が問題だ」という返事。教師に話すと「偏差値が問題だ」という返事。学費については、日本育英会の奨学生であるなら半額で良いという説明を発見して解決しました。でも学力アップはそう簡単ではありません。当時広く用いられていた「旺文社模擬試験」では、「背水の陣を敷け」という御託宣。旧約聖書をよく知る私にとって「背水の陣」とは、紅海を背にするモーセの祈りです。両親に祈りを頼むと、祈祷会でもその課題が出され、受験一か月前には、婦人会の熱心党員が連日我が家にやってきて、特別祈祷会なるものを開いてくれました。

受験前夜。父親の配慮で荻窪栄光教会にお願いし、一室に泊まらせていただくことができました。牧師夫人は最高のおもてなしで、暖房のきいた部屋でのふわふわの布団です。寒い丹波でせんべい布団に寝ていた私は落ち着きません。おまけに隣室の掛け時計が、ボンボンと一時間おきに時を告げます。とても安眠などできませんでした。

朝になりました。いつもの聖書通読の時間です。前日ローマ書3章を読んでいたので、4章を開いて読み始めました。18節で心臓がとまるかと思いました。「彼は望み得ないのに、なおも望みつつ信じた」。まさに主は、その時の私に語ってくださったのです。小学校1年生から読み続けていた聖書。読まない日もあった聖書通読。でも、その日その朝に最もふさわしい言葉を、主は用意してくださっていました。寝不足の頭で試験問題を解いていた私に、「なおも望みつつ信じた」とのみことばが何度も響いてきました。そして10日ほど後、「サクラサクアイシユ」と電報が来たときに私は確信しました。「神様は確かに生きておられる。求めるなら答えてくださる。神のことばである聖書を通して」と。

「神学的に最も整っている」と言われるローマ書ですが、内実は、ローマに住むクリスチャンに宛てた心温まる手紙です。3章までで「神・罪・救い」という神学の基礎的な真理を述べたパウロは、人が神に義と認められるのは、良い行いではなく信仰によるのだと結論づけます。そして4章でユダヤ人みなが尊敬しているアブラハムを例に挙げ、１００歳になっても「約束したことを実行する力がある」神を信頼したことが、彼が義と認められた理由だと喝破しました。ユダヤ人でも異邦人でも、罪びとでも愚かな者でも、この恵みに満ちたお方を信頼することこそ、聖書の示す救いの真意なのです。

パウロはここで、「**恵みによって**」義と認められたことを強調します（16節）。ユダヤ人が救われることさえ、律法を守ったからでないことを示すために、律法の定められる前に生きていたアブラハムを引用したのです。だから、律法を持たない異邦人も、ユダヤ人と同じくこの恵みにあずかることができますし、義と認められたとしても、それによって自分を誇ることはできません。自分がした善い行いではなく、ただ神の恵みによるからです。私の場合も、あのような状況の中で合格できたことは神の恵み以外の何ものでもなく、自分に誇るところは何もないことは、自分が一番良く分かっていました。

恵みとは、天から降り注ぐ雨のようです。旧約聖書にはこの譬えが何度も用いられています。「神よ　あなたは豊かな雨を注ぎ　疲れたあなたのゆずりの地を堅く建てられました」（詩篇68・9）、「わたしが荒野に水を、荒れ地に川を流れさせ、わたしの民、わたしの選んだ者に飲ませるからだ」（イザヤ書43・20）。人が生きることができるのも、豊かな収穫物を得られるのも「恵みの雨」によることは明らかでしょう。

次にパウロは「**信仰によって**」義と認められると言います。「恵みによって」とどのように違うのでしょうか。恵みが雨なら、信仰はそれを受け取る空っぽの手のようなものです。あるいは天に向かって口を開くことでしょうか。神がどんな罪びとにも恵みを注ぎたいと願っておられるのに、あえて口を開かず、受け取ろうとしないなら、雨は無駄に流れてしまいます。喉の渇きをいやすためには、ただ口を開きさえすればよいのです。でも、雨の中に毒が入っていると疑う人も時におられます。残念なことです。

息子が3歳のころでした。公園で勇敢にもアーチ状のジャングルジムに登っていったのです。でも一番高いところに来たとき、それ以上進むことも戻ることもできません。大声で私を呼ぶので私は答えました。「手を離しなさい。お父さんが下で受けとめてあげるから」。しばらく躊躇していましたが、ついに意を決して手を離しました。次の瞬間、息子は私の手の中でにっこりと笑っていました。

「信仰によって」とはこのようなことでしょう。自分の力ではどうしようもないと分かった時がチャンス。自分の罪や弱さを嘆くだけではなく、「あなたを助けるよ。あなたを守るよ」と言われるお方を信頼して、この方の中にとびこんでいくだけで、義と認められるのです。どんな罪びとも、失敗続きの者も、受けとめてくださるお方ですから。

最後の25節にご注意ください。「主イエスは、私たちの背きの罪のゆえに死に渡され、私たちが義と認められるために、よみがえられました」。義と認められるのは「**キリストによって**」です。神の恵みも人の信仰も、イエス・キリストというお方によって明確になりました。もしイエス・キリストがこの地上に誕生されなかったら、神に義と認められるのは、旧約聖書に登場する一握りの人々だけだったと思われます。神の御子が私たちと同じ人間となり、しかも十字架につけられ、そしてよみがえられたからこそ、こんな罪びとでも神に受け入れられる道が開かれたのです。何の罪も認められず、聖なる神と遠慮なく共に過ごすことができ、さらにはよみがえりの主と同じ姿にしていただけるという約束が与えられたのです。なんとありがたいことでしょうか。

「恵みによって」「信仰によって」「キリストによって」、私たちはみな、義と認められ、神の子どもとされました。聖書はこのことを、繰り返し、繰り返し語っています。残念なのは、このことを知らないで過ごす人が多数おられることです。もし、聖書の字面だけを読んで、自分に語られたとは思わないでいるなら、本当にもったいないことです。特に、今苦難の中で戦っておられる人には、確信をもってお勧めしたい。「恵みに満ちた神は、今も、聖書を通してあなたに語っておられます。求めてください。かならず神の声は聞こえます」と。神のなさることに偶然はありません。毎日読む聖書を通して、今日、あなたに必要なことを神は語ってくださいます。聖書は読めば読むほど楽しくなります。感謝があふれます。そして、主イエスをもっともっと知りたくなるのです。

教育の基盤を知る（箴言　4章）

子たちよ、父の訓戒に聞き従え。耳を傾け、悟りを得よ。
私が良い教訓をあなた方に授けるからだ。私の教えを捨ててはならない。（1、2節）

もし私が、鎌野良作・ミツという両親のもとに生まれなければ、全く違った人生を送ったことでしょう。72歳になり、自分の人生のゴールが見えてきた今、「この家庭に生まれさせてくださったことを、心から感謝します」と祈らざるをえません。聖書通読という習慣は、まさに両親から受け継いだ尊い宝、価値ある遺産だからです。

父は、1901年に静岡県御殿場市で誕生しました。尋常小学校を卒業後、三島市で酒屋の丁稚奉公をしていたころ、友人に誘われて教会に導かれ、クリスチャンになったそうです。米国人宣教師J・B・ソーントンの説教を聞いて献身の思いが与えられ、ソーントンが青年たちを教えていた「日本自立聖書義塾」で学びたいと願い、26歳の年にはるばる兵庫県の片田舎、柏原にやってきました。それから62年間、88歳で召されるまでこの町に住み続け、広く丹波一円の伝道に励みました。

母は1906年、新潟県石打町に生まれ、小学校卒業後、岐阜県大垣市の紡績工場で働いていました。主イエスを信じた後に宣教師の家事手伝いを始め、その宣教師の世話で柏原へやってきて、父と出会って結婚し、8人の子を授かったというわけです。

特別な神学教育を受けていなかった父親にとって、毎朝の聖書通読は「知識の初め」でした。毎朝5時前に起床して聖書を読み、そのあと一時間ほどは祈っていました。中学生になって新聞配達を始めたころです。5時半になると父親の祈りの声は特に大きくなり、それで目覚めるのがいつものことでした。冬の寒い朝でも、「神様、善三がまだ寝ていますが、どうか早く起きますように」と祈られたら、起きないわけにはいきません。

箴言には「わが子よ」という呼びかけが何度も出てきます。箴言の大半が、子どもたちに対する親の教えという形で記されているからです。あるいは、血を分けた子ではなく、「弟子」と言われる人々への教えであるかもしれません。いずれにせよ、「主を恐れること」とはどんなことかを、親が家庭で子どもたちに話すように諭しているのです。

鎌野家の家庭教育は、箴言4章に書かれていることに似ていました。それはまず「**人格の教育**」でした。貧しい家でしたが、主に信頼したら大丈夫だと教えられました。食べ物に困ったことは一度もありません。春になると母親と一緒に山菜取りに山へ行きます。お風呂をわかすための枯れ木も背負って帰ります。家には、貴重な卵を得るために鶏を10羽ほど飼っていて、その飼料になる残飯を近所から集めるのは私の役割でした。「勉強しなさい」と言われたことはありませんが、「聖書を読んだか」とは何度も聞かれました。

小学校5年生の時、友人に、「鎌野君、夜寝たあと、目が覚めなかったら、どうなる?」と聞かれた日の夜、心配で寝付かれませんでした。隣で寝ていた母親に尋ねると「心配しなくていいよ。イエス様のところに行くのだから」と言われて安心したことを覚えています。目に見えるモノのことでなく、目に見えない神様、一緒にいてくださるイエス様のことを意識するようにという教えは、今も私の基盤になっています。

第二にそれは「**正義の教育**」でした。鎌野善三の「三つの大罪」をこっそりお教えしましょう。①母親の財布からお金をとったこと。②友だちの靴を隠したこと。③友だちの家にあった目薬をとったこと(容器が欲しかったので)。どれも、聖書の示す「正義」から外れています。「三つの大罪」はだれにもばれませんでした。しかし、それが「大罪」であることは自分でもわかっており、高校2年生になるまで意識の奥底にとどまり続けました。たとえ人にはわからない悪であっても神様はご存じだという、本当の意味の「正義の教育」がなされていたからだと思います。

第三にそれは「**心の教育**」です。20節以降には、頭の中だけでなく「心のただ中に保て」、行動だけではなく「心を見守れ」、唇や目や足だけでなく「心を向けよ」と三度、「心」が言及されています。目に見える行動を引き起こす「心」のほうがずっと大切だからです。あるいは「意志」とも言えるでしょうか。目には見えなくても、現実に生きておられる神を意識している人の意志は、確かにそうでない人の意志とは違います。「すべてをご存じの神を知り、恐れる心をもつように」と聖書は命じるのです。

「神を恐れない」とは、「神など存在しない。たとえいたとしても、私と何の関りもない。私は自分の意志の赴くままに行動したらいい」と考えることです。能力ある人（あるいは能力があると思っている人）ほど、そうなる傾向があります。逆に、幼い子どもは、見えない神様の存在を自然に受け入れています。だからこそ、家庭教育は重要なのです。両親が愛をもって子どもと接し、何が正しいかを教え、見えない神様の存在を受け入れるように導くことが、親の大きな責任ではないでしょうか。

日本では、片親だけ（大部分は母親だけ）クリスチャンという家庭が多くあります。そういう家庭の子どもを「カタクリコ」と言うそうです。テモテはまさにそうでした。たとえ父親の協力がなくても、時には反対されることがあっても、純粋に主イエスに寄り頼んで子どもたちを育てている母親の姿に心打たれることがしばしばあります。

1995年、私は関西聖書神学校の学監として神学校に住み、神戸市東灘区にある教会の牧師としても奉仕していました。1月17日に阪神淡路大震災がおこったとき、最も心配したのが教会の信徒たちの安否です。電話は不通。幹線道路は緊急車両専用になっていたため、直接行くことはできません。奇跡的に、ある信徒からの電話が通じました。「K姉が亡くなった。」教会役員をなされ、息子・娘と共に教会に励まれていた忠実な方です。翌々日の早朝、私はバイクに乗って瓦礫でふさがれている道を迂回しながら、その姉妹のお宅に行きました。古い日本家屋はぺしゃんこです。近所の方に尋ねると、すぐ近くの公民館が避難場所になっているということでした。公民館の前で、当時大学1年生だった娘さんとばったり会いました。彼女の第一声を私は忘れることができません。「亡くなったのが、父親でなくて良かった。」母親とは再会できるという信仰をしっかり持っていたのです。母親の遺体は、混乱の中でどこにあるかもわからない状況でした。

その夜、私も避難所で泊まり、次の日の早朝、遺体が近くの大学に安置されていることを知って、兄妹と一緒にそこに向かいました。何十体も並べられている遺体の中にその姉妹を発見しました。私が祈った直後、当時大学3年生だった彼もこう祈りました。「神様、私を主イエスに導いてくれた母親に感謝します」。涙がとめどなく流れてきました。

10日後には大阪の教会をお借りして葬儀を行うことができました。また、全壊と判定された会堂でしたが、応急修理をしたうえで礼拝と祈祷会を再開しました。ちょうど一か月後の祈祷会。彼はこう証ししてくれたのです。「妹と相談して、2月から毎日一章、聖書通読を始めました。一か月で終わるからと箴言を選び、震災からちょうど一か月目の昨日の夜、17章を読みました。」そう言って、開いてくれたのが17節です。「友はどんなときにも愛するものだ。兄弟は苦しみを分け合うために生まれる」(新改訳第二版)。

母親は一足先に天国へ行きました。しかし母親の教えは子どもたちの心に、しっかりと残されていました。決して楽な子育てではなかったでしょう。心を痛める反抗期もあったことでしょう。涙を流しながら「主よ、この子たちを守ってください。私は何もしてやることができません」と祈ったこともあったでしょう。だからこそ、聖書のみことばは、最も悲しいとき、最も困難な時に彼らを支えたのです。

第二章　聖書通読の秘訣

聖書通読には根気がいります。この章では、続けるための秘訣をお教えします。参考にしていただき、一歩踏み出してください。

時間と場所を確保する（詩篇　16篇）

私はほめたたえます。助言をくださる主を。
実に　夜ごとに内なる思いが私を教えます。
私はいつも　主を前にしています。
主が私の右におられるので
私は揺るがされることがありません。（7、8節）

私の本棚に、赤茶けた小冊子『神と偕なる行歩』が置かれています。奥付に、「昭和七年七月二十日発行　昭和三十年八月一日三版」と記載されたものです。私が大学生になったころ、父がプレゼントしてくれたものの一つと記憶しています。その後、何度も引っ越しましたが、その冊子はずっと手元に置いていました（2018年、わかりやすい日本語になり、いのちのことば社発行の『バックストン著作集第三巻』に収録されています)。年齢を重ねるにしたがって、この冊子の大切さがより深く心に染みてくるのです。

この冊子の原題は、"Christ our Example in His Communion with God"「神との交わりにおいて私たちの模範であるキリスト」です。早朝から深夜まで、父なる神に祈られていたキリスト、神と語り合う交わりの時を必要とされたキリスト、弟子たちや群衆のためにとりなしの祈りをされたキリストを模範として生きよ。そう訴えるのです。

キリストは、早朝(マルコ1・35)、日中(ルカ5・16)、夜(マタイ26・36)、夜中(ルカ6・13)、寂しいところへ行き、一人で祈っておられました。簡単に聖書を読むことのできない時代に、祈りは神の声を聴く機会でした。今のように、気軽に聖書を読めることは、直接に神の声を聴く能力のない者に対する大きな恵みです。

聖書を読むのは、単に聖書知識を増やすためだけではありません。そこで、神が自分に語られていることを聴き、それに応えて生きるためです。ですから、聖書を読んだ後には、必ず応答の祈りをする必要があります。主イエスが十字架への道を歩まれたのは、父なる神からの語りかけに応答された結果であることは明白でしょう。

主イエスは、福音を宣教しつつ、昼夜の別なく祈られていました。仕事をもっている私たちも、皆そうなりたく思っていますが、現実にはなかなか難しいことです。どうすればどんな時でも祈れるようになれるのかを、ダビデ作の詩篇から考えてみましょう。

詩篇16篇の表題にある「ミクタム」とは「黄金の歌」という意味だそうです。ダビデの愛唱歌なのでしょうか。神の恵みによって、王として素晴らしい働きをしていたダビデでしたが、姦淫・間接殺人・偽善という大きな罪をおかしてしまいました（サムエル記第二11章参照）。でもその罪を指摘され、鼻水と涙にまみれて悔い改めた後、彼は何度もこの歌を歌い、「私の幸いは、あなたのほかにはありません」と告白していたのです。

ダビデ王は、まず、「**過去の恵み**」を喜んでいました。サウル王から命を狙われていた彼は、外国に行ったり洞穴に隠れたり、逃げ回っていました。息子アブサロムから追われていた時期もありました。しかし、彼はそのたびに「主よ、助けてください。あなたしか助けてくださる方はありませんから」と、神に身を避けていました。そして神は確かに彼を守ってくださったのです。この過去の恵みを、彼は忘れることがありませんでした。

思い返せば、私たちにもこのような経験があったのではないでしょうか。自分や家族が病気になったとき、仕事や学校で困難を覚えたとき、友人との間で誤解があったとき、そのほかにも数多くの試練に直面されたに違いありません。そのとき、主に必死に祈ったことを、そして確かに主は助けてくださったことを決して忘れず、喜びましょう。過去の恵みを思い返して感謝することは、祈りの第一歩です。

第二にダビデは「**現在の恵み**」も喜んでいました。全イスラエルの王として即位して間もないころのこと。ペリシテ人が攻撃してきました。彼はすぐ主に伺います。そして「攻め上れ」という主の声を聞いてそれに従ったのです（サムエル記第二 5章）。その後もしばしば、彼は「助言をくださる主」を信頼して祈り求めたことでしょう。その結果、「夜ごとに内なる思いが私を教えます」と告白することができました。

教団委員長という重責にあった時のことです。ある大きな問題に直面し、悩みました。「どうすれば良いのですか」と祈っても答えはありません。祈り疲れてお風呂に入りました。頭を洗っていたとき、急に「あなたの重荷を主にゆだねよ。主があなたを支えてくださる」というみことばが響いてきました。これもダビデの歌です（詩篇55・22）。「そうだ、主が支えていてくださるのだ」とわかったとき、私の心は平安になりました。

知ってください。どんな苦難のときも、主はあなたから離れておられるのではありません。いつも共にいてくださいます。それなら、「私はいつも、主を前にしています。主が私の右におられるので　私は揺るがされることがありません」と申し上げようではありませんか。朝でも夜でも、会社でも台所でも、通勤電車の中でも試験中でも、主はあなたと共におられます。いつでも「主よ」と呼びかけること、それが祈りです。

第三に、彼は「**未来の恵み**」にも感謝していました。危険な修羅場を何度も経験してきたダビデにとって、死は想定済みのことでした。でも、「あなたは私のたましいをよみに捨て置かず　あなたにある敬虔な者に　滅びをお見せにならないのです」という確信をもっていたのです。そしてこれは、ペンテコステの日にペテロが大胆に宣言したように、イエス・キリストの復活によって文字通り実現しました(使徒2章)。キリストが復活されたように私たちも復活する。これはクリスチャンすべてに約束されている確実な恵みです。

神の子イエスが、この地上に私たち罪びとと同じ肉体をもって誕生し、十字架によってその罪を贖い、復活を通して今も私たちと共に生きてくださっているとの確証を与えてくださったことは、まさに奇跡です。「私の幸いは　あなたのほかにはありません」と告白しましょう。そして「主が私の右におられる」という約束を信じ貫きましょう。

バックストンは、前掲書の冒頭にこう記しています。「『慰め主が来られた』ときに、だれにでもすぐに起こる問題は『この受けた恵みをどうやって保つことができるか』ということです。それに対する最善の答えは、『あなたが「恵み」を保つ必要はない。「恵み」があなたを保つ』

ということです。」あなたと共におられるキリストが、必要なもの全てを備えてくださる。このお方と交わるだけで十分。それが恵みです。

聖書を読み、祈る時をもつのは、このキリストと交わるためです。それは難行苦行ではなく、「恵み」です。感謝です。喜びです。慣れない間は辛さを感じるかもしれません。しかし一度その恵みを経験するなら、それが楽しみになります。「朱と交われば赤くなる」と言われていますが、私は「主と交わればきよくなる」と言い換えられるのではないかと思っています。

時間と場所を確保することが、聖書通読のために必要なことは確かです。朝が一番良いということは先輩たちから聞いています。私も小学校1年生の時からそれを続けてきました。しかし朝が苦手な人もいます。ある方から、通勤電車の中で聖書を読み祈っていると伺いました。場所も、自分の部屋でなくても大丈夫です。昼休みに会社の空き部屋を利用している人のことも知っています。通読の喜びを経験するなら、方法は見つけ出せます。

私にも愛唱歌がたくさんあります。その一つ、讃美歌313番をご紹介しましょう。

①この世の務め　いとせわしく、
　人の声のみ　繁きときに、

内なる宮に　のがれゆきて、
我は聞くなり　主の御声を。

②昔主イエスの　山に野辺に、
人をば避けて　聞きたまいし、
いとも尊き　あまつ御声、
今なお響く　わがこころに。

聖書の甘味を経験する（ヨハネの黙示録　10章）

そこで、私はその小さな巻物を御使いの手から受け取って食べた。口には蜜のように甘かったが、それを食べてしまうと、私の腹は苦くなった。（10節）

過去、何人かの信徒から「先生、通読を始めたのですが、長続きしませんでした」と言われてきました。一か月ほどは大丈夫なのですが、忙しくなってくると読めなくなり、それが2～3日続いて沈没、というパターンが多いようです。「創世記と出エジプト記は5回ほど読んだのですが、レビ記になるといつも嫌になって……」という方もおられました。そんな方々を助けるため、テープに各章の解説を録音して、電話で24時間いつでも聞ける方法を始めました。これが大正解で、通読できた方が40名ほどおられました。読めない日があっても、次の日には新しい箇所になっているので、何とか続いたようです。

もちろん、一章も抜けることなく読めるなら、それに越したことはありません。しかし、「抜けたら抜けたでよい」と開き直って、継続することのほうがより大切だと思います。抜けた章を、翌日、斜め読みする方もありました。「次はちゃんと通読したい」と思って、「先生、ぜひ本にして、いつでも再読できるようにしてください」と言われた方の願いで、その後、『3分間のグッドニュース』が出版されることになりました。

この本を用いても、なお通読が難しいという方々には、「読んだ時の日付を、聖書本文にでも、あるいは『3分間』の本にでも書き込んでみてください」とお勧めしました。たとえ三日後でも一か月後でも、その次の章から再開できるからです。日付だけでなく、その日に祈ったことを短く書き留めておくことも、長続きの秘訣になります。後に読み返すと、祈りに応えてくださる主の誠実さに心打たれます。

聖書の章数は、旧約929、新約260、合計1189章で、3年と3か月でほぼ通読できます。通読を終えた人たちは、「先生、長年の夢が実現しました。」「内容は覚えていませんが、何か嬉しいです」などと言ってくださいます。ある方など、自分の『3分間』を持参してこられて、「先生、ここに今日の日付と先生の署名を記してください」と言われたほどです。「これは天国へのパスポートにはなりませんよ」と、私は念を押しましたが。

黙示録は、十二弟子の一人であるヨハネが著者だと推測されていますが、福音書や手紙など、他のヨハネ文書とかなり違った内容なので、疑問視する人もいます。でも、パトモス島に幽閉されていたヨハネが、神を認めない権力者には理解が困難な書き方で、御使いから示された幻を描いたことを知るなら、ヨハネが書いた可能性を否定することはできません。この書には神のことばの甘さと苦さの両面が記されているのです。当時の旧約聖書は大部分、羊皮紙の巻物として保管されていました。ヨハネは、御使いから「それを取って食べてしまいなさい」と命じられます。これは幻なので本当に口に入れたとは思えませんが、神がそう命じられたのには明確な理由がありました。

聖書のことばは、最初は「**語られたことば**」でした。モーセであれ、預言者であれ、ヨハネであれ、彼らは特別な使命を果たすために、神から選ばれた人々です。神は直接に、あるいは御使いを通して彼らに語られました。「巻物を食べよ」という命令は、すでにエゼキエルにも語られていたのです（エゼキエル書3・3）。しかし、残念なことに、語られたことばは、それがどんなに重要な内容でも、消えてしまいます。ヨハネが、彼に語られたことばや、彼に示された幻をどんなに誠実に受け取っても、そのままにしておけば、それらは次の瞬間には消え去ってしまうものなのです。

説教も「語られたことば」です。説教の奉仕に召された者たちは、神のことばを語るのですが、語る前に神の言葉を聴くところから始めます。神は今の時代にも語られていると信じている以上、まず神のことばを従順に聴くことがなければ、語ることはできません。でも、今の時代、どうすればそれを聴くことができるのでしょうか。

聴くためには、「**書かれたことば**」が必要です。エゼキエルもヨハネも、彼らに語られた神のことばを書き記しました。だから、その通りに実現したときに、人々は神のことばの権威を認めざるを得なかったのです。ヨハネは、「書き記すな」と命じられた「雷が語ったこと」は記しませんでしたが（4節）、それ以外の聞いたことや見たことはこの書に詳しく書きました。だからこそ、現代の私たちはそれを聴いて、人々に語ることができます。旧約聖書も新約聖書も、神が語られたことばを聴いた人々が、忠実にそれを書き記したものです。だからこそ、神のことばは消えることなく、2000年以上も人々に語り続けています。聖書を開きさえするなら、ヨハネや預言者のように特別な人でなくても、神のことばを聴くことができます。そして、また他の人々に語ることもできるのです。

小学1年生以来、私は聖書を読み続けていました。しかし残念なことに、それが、現代も語り続けておられる「神のことば」であると受け取ることができないでいました。もちろん、神様は存在しておられると確信していました。しかし、私に必要なことを、今の時代に語ってお られるとは思ってもみなかったのです。でも大学受験の日、ローマ書4章16節が自分に語られ たものだと受け取ってから、私は確かに変えられました。

最後に聖書は「**食べることば**」です。書かれたことばを読み、そのことばを自分の生き方に あてはめるとき、それは時には甘い、時には苦いものになります。力を与えてくれる恵みのこ とばの時も、悔い改めを促す裁きのことばの時もあるのです。

大学に入学後、不思議な導きにより、「東京クリスチャン学寮（現在のティラナスホール）」で 生活することになりました。異なった大学に通う20名余りのクリスチャン学生たちが寝食を共 にし、週に何回か、聖書の学びと祈りの時をもちます。教派も様々、学問分野も様々です。夏 休みには、「伝道旅行」と称して、地方教会の伝道応援に行くこともありました。特に朝の「デ ボーション」は、私にとって大きな益をもたらしてくれました。学生たちが交代で「説教」ら しきものをするのですが、私の最初の担当だったヘブル書10章については、今もその内容が頭 に残っています。「キリストは聖なるものとされる人々を、一つのささげ物によって永遠に完 成されたからです」（14節）とのみことばを通して、十字架によってなされた贖いのわざの、と てつもない「甘さ」を味わいました。

「語られたことば」が「書かれたことば」となり、それを読む者たちによって「食べることば」になるなら、それは確かに「いのちの糧」になります。聖書は蜜のような甘いもの、何度でも食べたいものになります。読むのが楽しみになってくるのです。そうなればしめたもの。色々な用事があって聖書を読む時間がないという日があっても、あくる日には何とか時間を作るようになります。

コロナ禍で、教会で早天祈祷会を開くことは難しい状態です。でも何とかこの重要な集会を続けたい。そう願って祈っていた時、アイデアが閃きました。今は、携帯電話やスマートフォンが広く用いられる時代。毎朝、その日の聖書のメッセージと祈りの課題を送れば、それぞれの家庭で祈祷会をもてるのではないかと。教会員にお尋ねしたところ、なんと36名の方々が応じてくださいました。これまでよりもはるかの多くの兄姉が、毎日みことばを聞いています。ただ、それを「食べる」かどうかは各人の責任です。

毎日欠かすことなく聖書と祈りの時を持てるのは何よりも幸いです。けれど、万一できない日が何日かあっても、あきらめないで続けてください。みことばの甘さを経験した者は、みことばの苦さにも気づきます。神を受け入れず、自分勝手に生きている者に対する厳しい神のさばきを伝える責任があることを。

励まし合う友人を持つ（マタイの福音書　18章）

あなたがたのうちの二人が、どんなことでも地上で心を一つにして祈るなら、天におられるわたしの父はそれをかなえてくださいます。（19節）

私が聖書通読を今まで続けてこられたのは、周囲に励ましてくれる人たちがいたからです。小学生の頃は、こわくて愛情いっぱいの母親がいたから。中学・高校時代は、「鎌野君は毎朝聖書を読んでいるのだね」と褒めてくれる教会学校の先生や友人がいたから。新聞配達をしていたので、早起きの習慣がついていたことも大きな理由です。大学になると、寮や大学の聖研の仲間がいたから。大学卒業後に神学校に入学すると、これまたこわい学監や同級生たちがいたから。神学校では毎朝六時からの「早天祈祷会」があったので、さぼるわけにはいきません。神学校卒業後は、「プロ」になったのですから、聖書を読まないと話になりません。説教準備はもちろんのこと、信徒の相談を受けたり励ましたりするときにも、その日、聖書から学んだことは大きな力になりました。『みことばの光』（聖書同盟発行）を用いていた時期は、一章を数日かけて読んでいました。旧約聖書の詩篇や小預言書、新約聖書の公同書簡などは、数章まとめて読んだこともあります。創世記から黙示録までを一直線に読む厳密な「通読」でない時期もあったし、いろんな理由で読まない日も、読めない日もありました。それでも、65年以上、続いています。

通読が続かない人にお勧めしたいのは、教会の友人と、あるいは教会全体で始めることです。家族で読むのもよいでしょう。娘と息子が小学生のころは、私の声で録音された電話メッセージを家族四人で聞いていたこともあります。これなら途中で沈没する危険性は少なくなります。つきあい始めた若いカップルの場合には、これは最も有効な方法です。

人ではなく、本が励ましになることもあります。多種多様の「デボーションの手引き」が出版されています。スポルジョンの『朝ごとに夕ごとに』からは私も多くのことを教えられました。でも聖書個所がバラバラですので、通読のためにはもう一つです。榎本保郎先生の『一日一章』には非常にお世話になりました。例話や証に感動することが多かったのですが、その章の構成や展開についてはもの足りないときもありました。

多くの兄姉に聖書通読を勧めてきました。「毎日読んでいますよ。でも、なかなか理解できません」という答えを何度聞いたことでしょうか。「それなら、その章の流れを説明し、最も大切な真理に生きるよう励ましたらどうだろうか」と考えたことが、3分間の電話メッセージを始めるきっかけになりました。一つの群れを委ねられている牧師として、羊を励まし、良い食物を備えることは最も大切だと確信していましたので。

マタイの福音書18章は、主イエスの公生涯の後半部の始まりを記す重要な章です。16章と17章で受難と復活を予告された主は、主の働きによって実現する「天の御国」とはどういうものかを弟子たちに語られました。

まずそれは、**「子どものように謙遜な者の国」**です。弟子たちの間で何か争いがあったのでしょうか。彼らは、「天の御国では、いったいだれが一番偉いのですか」と主に質問しました。ひょっとして、16章のペテロの信仰告白や、17章のペテロ・ヤコブ・ヨハネだけが目撃した変貌山事件のことで、十二弟子の間にねたみのようなものがあったからかもしれません。主は彼らに答えられました。「この子どものように自分を低くする人が、天の御国で一番偉いのです」と。しかも、「この小さい者たちの一人をつまずかせる者は、……海の深みに沈められるほうがよい」とさえ言われます。自分を低くするとは、自分が人をつまずかせるような愚かな者、罪深い者であることを認めることです。しかし主は、そんな愚かな者でも、滅びることを望んでおられません。その一人を捜して、見つけ出してくださるのです。謙遜に自分の罪深さを認めた上で、そんな自分を愛してくださる方がおられることを感謝する者こそ、天の御国で「一番偉い」者と言えるでしょう。

第二に、天の御国は「**互いに忠告する者の国**」です。罪を犯しながら、その罪に気づかない人もいます。そういう人に対しては、「二人だけのところで指摘しなさい」と主は仰せられます。自分の罪深さを認めているなら、他の人の罪を一方的に非難することはありません。謙遜に、冷静に忠告できるのです。しかし、その忠告を聞き入れないなら「ほかに一人か二人、一緒に連れて行きなさい」と言われます。それでもなお聞き入れないなら「教会に伝えなさい」と、現代の三審制度を思い起こすような丁寧さです。

ここで大切なのは、罪を指摘した後に、「あなたがたのうちの二人が、どんなことでも地上で心を一つにして祈るなら、天におられるわたしの父はそれをかなえてくださいます」と約束されていることです。祈りによって互いに励ましあうとき、主は「わたしもその中にいる」と約束してくださっています。指摘された罪を悔い改めるなら、二人の者はそれまでになかったような交わりができるのです。何と大きな恵みでしょうか。

第三に、天の御国は「**互いに赦し合う者の国**」です。ペテロは、「敵を愛し、迫害する者のために祈りなさい」という主の教えを聴いていたので、それまでにも何度か他人の罪を赦したことがあったのでしょう。しかし、どうも腹の虫がおさまらなかったようです。「七回まで赦すなら上出来だ」と思って言ったのに、主は「七回を七十倍するまで」と答えられました。ペテロの驚いた顔が目に浮かびます。そんなペテロに主は、ペテロだけではなくすべての人がどれほど多くの罪を犯しているかを知らせるたとえ話を語られました。自分が一万タラント（今なら6000億円ほどでしょうか）の借金を免除されたのに、百デナリ（今なら100万円ほど）を返金できない仲間を牢に入れたこの男。多くの罪を赦されながらも、友人の罪を赦すことができないことがこの男の致命的な罪だったのです。

赦されたからこそ赦すことができる。これが天の御国の大原則です。反対に、自分が罪びとであることを認めない人は、当然赦される必要も感じません。人の罪を赦すこともできません。そのような社会やグループでは、相互に非難が絶えず、争いも絶えないでしょう。どちらの国に住むことを願うでしょうか。教会は、天の御国をこの地上に現す使命を与えられています。自分の罪を謙遜に認め、互いの弱さを認めて祈り合い、赦されたゆえに赦し合うことができる共同体、それが教会です。

18章には多くの真理が記されています。そしてそれらすべてに繋がりがあります。その流れや展開を追っていくときに、聖書の深さに目が開かれることでしょう。特にこの章は、互いに赦し合い、励まし合う教会の大切さを訴えています。聖書通読を一人でやり抜く方もおられますが、多くの人はだれかに励まされて実現に至っています。あなたの教会にそんな兄姉はおられないでしょうか。同じ年代の仲間に、「聖書を通読しない？」と声をかけてみませんか。お子様がある場合は、幼い時から毎日聖書を読むことを習慣づける方法もあります。でも親も一緒に読んでくださいね。言うだけで自分がしないと逆効果です。

聖書通読を励ますデボーションの本も活用してください。キリスト教書店に行って、自分の読み方にあった本を見つけだすのは楽しいことです。聖書本文だけでなく解説も含まれている「チェーン式聖書」とか「バイブル・ナビ」などは、大きな助けになります。「私はこういう本を用いている」と教会で教え合うなら素晴らしいですね。

最後に、遠慮がちに言いますが、『3分間のグッドニュース』（全5巻）を、一度手に取ってご覧ください。一冊が300グラム内外ですので、手軽に持ち運べます。「スマホに聖書本文をダウンロードして、『3分間』と一緒に旅先にもっていった」と、新しい活用方法を教えてくださった方もいます。聖書を通読する助けとなることこそ、この書の目的です。

得た恵みを書き記す（ヨハネの福音書　1章1〜14節）

ことばは人となって、私たちの間に住まわれた。私たちはこの方の栄光を見た。父のみもとから来られたひとり子としての栄光である。この方は恵みとまことに満ちておられた。（14節）

『3分間のグッドニュース』は、電話録音した時から、毎日3時間ほどかけて書き記していました。最も参考にしたのは、手元にあった私の「通読ノート」です。神学校に在学中に書き始め、説教原稿も一緒にレターケースにしまっていました。牧会を始めるようになってからはどんどん増えてくるので、創世記から順にファイルに閉じるようになりました。それは年ごとに分厚くなり、今では厚さ5〜10センチのファイル7巻にびっしりと詰まっています。万一の時の「非常持ち出し」の最優先品です。

神学校に入る前から、様々な集会で教えられたことはすぐ聖書に書き込む習慣がありました。口語訳聖書は、かなり汚れています。その後の新改訳聖書は版が新しくなるたびに買い替えたので、それほどでもありません。これらの書き込みも『3分間』執筆のために役立ちました。所有している和文と英文の注解書も参考にしたのはもちろんです。

聖書を読んだり説教を聴いたりしたとき、今まで気づかなかった真理を悟り、新しい恵みに感動されたことがあったことでしょう。時間が経過するにつれて忘れてしまうことが多いのですが、そのことを書き留めることによって、それは自分の宝になります。後になっても、そのノートや書き込みで力づけられることがあるのです。

聖書通読の励みになるのは、そのようなメモです。日付を記すことはすでに言及しました。メモだけでなく、その日に祈った項目を記している方もおられます。後で読み返すと、「このことも、あのことも、主は聞いてくださった」と、感謝でいっぱいになるそうです。ある英語が堪能な方は、日本語と同時に英語の聖書も開き、『3分間』を英語に翻訳してくださったとのこと（いつか英文でも出版されたら、それこそ、「万国の預言者」になるかも?）。最初にテープに録音した音声は消えましたが、書かれたことばは今も残っています。「復活の証人」の弟子たちが、新約聖書を書き記したのも同じ理由でした。

弟子たちは、自分たちが目で見たことや耳で聞いたことを、必死で人々に伝えました。しかし、自分たちの死後にその証言が残るためには、書き記すことが不可欠です。だからこそ、ヨハネも福音書を書いたに違いありません。自分が三年余り共に過ごしてきた主イエスは、神が人間に語っておられる「ことば」だと、その冒頭で述べるのです。

第一に、主イエスは「**初めにおられた方**」と記しました。ヨハネは、創世記1章1節に記されているのと同じような表現を用いて、主が天地万物を創造された方と等しい方、つまり神ご自身だと証言します。神の被造物である「天は神の栄光を語り告げ　大空は御手のわざを告げ知らせる」(詩篇19・1)のですが、この方にはいのちがあり、この方自身が神のことばとなって、神がどういう方かを語られたのです。

人間を超越した「神」という存在があることを、日本人の多くの方々は認めておられます。しかし、その「神」は、どこか遠くに存在して自分を監視している方、あるいは何か良いことをしたら祈りを聞きとげてくれる方のように考えています。それでは、人間の考える範囲内の「神」でしかありません。すでに旧約聖書の出来事や、モーセをはじめとする多くの預言者を通して、神はご自分がどういう方であるかを語っておられたのですが、神の時が満ちるに及んで、神ご自身が人となって、直接に語られたのです。

第二に、主イエスは「**私たちの間に住まわれた方**」です。主は、人と同じ肉体をもって誕生され、人として行動し、人が用いていることばで話されました。最初は主を「ラビ（先生）」と呼びかけていたヨハネでしたが（1・38）、3年間共に生活するうちに、「イエスが神の子キリストであること」を確信し、そのことを伝えるために福音書を記したのです（20・30）。主は、ことばで話されるだけでなく、その生き様を通して、ご自分が神であることを示されたのです。まさに「生けることば」でした。

しかしヨハネは憂いをもってこう書きます。「世はこの方によって造られたのに、世はこの方を知らなかった」と。余りに偉大な方のゆえに、小さな頭脳しか持たない人には理解できなかったのです。譬えて言うなら、蟻が人間の存在を理解していないのと似ています。人間には蟻が働いているのがよくわかりますが、蟻は人間の存在を理解できません。ファーブルの昆虫記を読んで、蟻が獲物を見つけても帰る道は行きと同じ遠回りでしかなかったことを学びました。人間がどんなに大声で、「近道があるよ」と呼びかけても、蟻には人間の声は聞こえないでしょう。でも人間が蟻になって蟻のことばで話し、また直接に近道を示すなら、蟻は「近道を教えてくれてアリガトウ」と言うでしょう。しかし、当時の多くのユダヤ人は主が語られた神の国の福音を理解せず、主を十字架に追いやったのです。

最後に、主イエスは「**神の子どもとなる特権を与えられた方**」です。ヨハネは、手紙の中で「私たちが神の子どもと呼ばれるために、御父がどんなにすばらしい愛を与えてくださったかを、考えなさい。事実、私たちは神の子どもです」と叫んでいます（ヨハネ第一　3・1）。主イエスは「神の子」（血を分けた子）ですが、私たち人間は「神のこども」（養子とされた子）です。自分勝手に生きていた罪深い者でも、神のことばである主イエスを「受け入れた人々、すなわち、その名を信じた人々」は、神の子どもとして受け入れられます。現在の私たちも、主イエスの身代わりの死によって、神の家族でなかった者がその家系に加えられるという、身に余る栄光にあずかれるのです。

私は、今、手元にある7冊のファイルを開くたびに、「神の子ども」とされた特権を思い返して感謝にあふれます。65年近く聖書を読み続け、その恵みを分かち合い、時々会うことのできる娘息子の夫婦と孫たち、それにいつでも一緒にいる妻とともに生活できることは、平凡だけれども一番幸せです。いえ、それ以上に、今遣わされている教会の兄弟姉妹とともに、文字通り、「神の家族」となっていることは何とすばらしいことでしょうか。悩みの時には一緒に涙を流して祈りをし、喜びの時には大声で笑い、お年寄りの腕をとって階段を上り、産まれたばかりの赤ん坊を胸に抱ける喜び。

神のことばは、聖書を開くならいつでも聴くことができます。聖書を読んで、「神様が今の私に話してくださった」と感じたら、まず感謝し、忘れないうちに書き留めましょう。メモ帳でもよいのですが、できたらノートを一冊買ってください。日付を記し、その聖句と章節、そして受けとめた恵みを短くても良いので書き記してください。その時に祈ったことも記録しましょう。それはあなたの「宝」となるでしょう。年を重ねるにつれて2冊、3冊と増えていきます。子や孫への霊的な遺産になること、間違いなしです。

私の両親は、二人とも仏教の家庭に生まれました。丹波柏原で結婚して8人の子どもが与えられ、それぞれがクリスチャンの配偶者と結婚しました。この段階で、2人だったクリスチャンは18人になりました。そして八つの家庭に与えられた孫は、23人。両親が元気だったころ、きょうだいで話し合い、全国各地から丹波にある保養センターに35名ほどが集まりました。その時に撮影した写真を見た友人から、「これはどこかの聖会?」と聞かれたので、「鎌野聖会」と答えました。みんなどことなく似ています。もちろん血が通っているからでもありますが、神の家族としての喜びにあふれる顔だったからでしょう。文字として書かれたノートほどではなくても、クリスチャン家庭の写真も、神の恵みを思い返す貴重な財産となります。

第三章　『3分間のグッドニュース』の用い方

『3分間のグッドニュース』は、あくまで通読を励ます手引き書です。これを読むだけでデボーションとしないでください。

まず聖書を読む（ルカの福音書　24章13～32節）

それからイエスは、モーセやすべての預言者たちから始めて、ご自分について聖書全体に書いてあることを彼らに解き明かされた。（27節）

『3分間のグッドニュース』は、副題にもあるとおり、「聖書通読のためのやさしい手引き書」です。あくまでも聖書を通読していただくための助けです。「『3分間』を読んでからのほうが理解しやすい」と言われる方には、次のように説明しています。

「聖書は神のことばですが、私の本は一人の牧師の限りある解説でしかありません。もちろんできるだけ間違いのないように書きました。でも、それは奥深い意味のある聖書の中の一つの真理を簡潔にまとめたもので、聖書本文からは、もっと豊かな真理を発見することができるはずです。主の御声が聞こえるはずです。まず自分でそれにチャレンジしてください。」

どんなに難しく思えても、まず、聖書本文を読んでください。どこで区切れるかを自分なりに判断して、鉛筆で印を付けてくださるなら、理解は深まります。読んでいるとき、心に響く箇所があったら、「これは神様が私に語っておられるのでは?」と受けとめて、傍線を引くのもよいでしょう。深い意味はわからなくも結構です。何よりも、その箇所から神様の声を聞こうとする姿勢が大切なのです。

聖書を読むとき、そこに聖霊の働きがあります。「聖霊など、信仰のうすい私には無関係」と思わないでください。聖霊は、聖霊の助けがないなら、決して理解できません。だから謙遜にこう祈って読みましょう。「聖霊様、どうか私が聖書を正しく理解できるよう、助け導いてください」と。「心を尽くして**主**に(聖霊に)拠り頼め。自分の悟りに頼るな」(箴言3・5)とのみことばは、昔も今も、聖書を読む者に不可欠な戒めです。

一度読んでみて、まったくチンプンカンプンだったら、再読してください(もし時間が限られているなら、『3分間』に進んでいただいても結構です)。章全体がまったく理解できないという場合もあるかもしれませんが、どこか一か所だけでも、一節だけでも、ピンとくる聖句はないでしょうか。そこを読んだとき、心に温かさを感じる箇所はないでしょうか。一度でもそんな経験をするなら、聖書は「生けることば」になります。

主イエスが復活された日の夕方、エルサレムから10キロメートルほど西にあるエマオの村へ向かう下り道を歩んでいた二人の人がいました。彼らは主イエスが「行いにもことばにも力のある預言者」だと認めていました。しかし、その方が十字架刑で殺された上に、その遺体も見当たらなくなったことを、暗い顔で話していたのです。そんな彼らに復活の主イエスは思いがけないことをなさいました。ルカ24章に記されています。

第一に、復活の主は彼らに「**近づいて来られる**」方です。彼らは落胆していました。主イエスが、苦難の中にある選民イスラエルを再興させてくださるという望みが失われたからです。そんな状態の彼らに、主ご自身が近づいて「何のことですか」と尋ねられました。主は、そんなこと、とっくにご存じのはずなのに。

私たちにも落胆する時があります。苦難の時、悲しみの時があります。だれかに話して助けてもらいたい時があります。そんな時、主はご自分のほうから近づいて来てくださることを知ってください。たとえあなたが気づかなくても、あなたの問題をよくご存じの方がおられる。なぜなら、主イエスは復活して、今も生きておられるからです。2000年前のように肉眼で見えることはなくても、「わたしは世の終わりまで、いつもあなたがたとともにいます」と約束された主は、聖霊として臨在しておられるのですから。

第二に、復活の主は、旧約聖書を「**解き明かされる**」方です。彼らは主イエスを「預言者」と認めてはいましたが、預言者以上の方とは思っていませんでした。ところが主は、「モーセやすべての預言者たちから始めて、ご自分について聖書全体に書いてあることを彼らに解き明かされ」ました。この当時の「聖書」は、今の旧約聖書のことです。そこにはイザヤ書53章をはじめ、後に来られる「メシア（救世主）」についての預言が数多くあります。彼らもそれらの章句を知ってはいたでしょうが、それらが主イエスを示す預言であることには気づいていませんでした。主が聖書を「解き明かす」とは、すでに知られている聖書のことばを、現実の出来事として彼らにあてはめることでした。

今でも私たちは、聖書を読むとき、「解き明かす」ことをしています（「解き明かす」と訳されるギリシア語は、英語の「説教学」の語源になった語で、説教はまさに聖書を解き明かすものです）。ただ、聖書は、自分の浅はかな知識で解き明かすものであってはなりません。共においでになる聖霊によって解き明かされてこそ、人の心は変えられます。後に彼らはこう言い表しました。「私たちに聖書を解き明かしてくださる間、私たちの心は内で燃えていたではないか」と。二千年前、弟子たちに聖書の真理を解き明かされた主は、現在も聖霊として共におられ、私たちの心を恵みで燃やしてくださるのです。

第三に、復活の主は「**一緒に泊まられる**」方です。そうこうしている間にエマオの村に着いたのですが、二人はもっとこの方の話を聞きたかったのでしょう。大胆にも、「一緒にお泊りください」と勧めます。そしてこの方と共に食事をしているときに、「彼らの目が開かれ、イエスだと分かった」のです。主イエスを見たことがありながらも、その時まで「二人の目はさえぎられていて、イエスであることが分からなかった」のは、「復活などあり得ない」と思い込んでいたからでしょう。その時、共に歩まれているのが主イエスだと考える余地はありませんでした。でも主と分かってすぐに「その姿は見えなくなった」のはなぜでしょうか。このお方が聖書を解き明かしてくださると分かるなら、もはやそのお姿を肉眼で見る必要はなくなったからです。実際に一緒に泊まることはなかったにしろ、彼ら二人の心には、主イエスがとどまっておられるとの確信が生まれたのです。

「泊まる」と訳されている語は、原文では、ヨハネ15・7の「あなたがたがわたしにとどまり、わたしのことばがあなたがたにとどまっているなら」の「とどまる」と同じ語です。また、14・16の「その助け主がいつまでも、あなたがたとともにいるようにしてくださいます」の「ともにいる」もそうです。主イエスを肉眼で見ることができない今でも、聖霊はわたしたちのうちにとどまり、宿り、泊まってくださるお方なのです。

母が77歳で召天した後、父は何度も「お母さんは素晴らしい人だった。熱心な伝道者だった」と褒めていました。父は、88歳で地上の生涯を終えるまで、母が亡くなってから6年間、母の葬られている教会墓地に足しげく通っては、祈りの時をもっていました。生前はしょっちゅう口喧嘩をしていたので、「生きているときにそう言ってあげていたら、母も喜んでくれたのに」と長姉は呟いていました。

しかし、目に見えなくなって初めて、その尊さがわかることは、他にもいろいろあると思います。復活を信じられなかったトマスに現れた主は、「あなたは見たから信じたのですか。見ないで信じる人たちは幸いです」と言われました（ヨハネ21・29）。考えてみれば私たちは皆、主イエスのお姿を見ないでもその復活を信じています。弟子たちよりもはるかに幸いな者なのです。

主イエスは復活され、今も生きておられます。そして聖霊として私たちと共におられ、私たちの内におられます。であるなら、このお方に拠り頼むとき、聖書を解き明かしてくださらないはずはありません。悲しみの時、試練の時、失望した時、孤独を感じた時、「一緒にお泊まりください」と強く願い出たあの二人の弟子のように、「聖霊様、教えてください」と祈り求めて聖書を読みましょう。御声は必ず聞こえてきます。

次いで手引きを読む（ペテロの手紙第一　1章1～12節）

この救いについては、あなたがたに対する恵みを預言した預言者たちも、熱心に尋ね求め、細かく調べました。（10節）

聖書本文を読むとき、聖霊はその意味を解き明かしてくださるのですが、聖書についての基本的な知識がなければ、誤解してしまうことが多いのも事実です。旧約聖書を旧訳聖書と思ったり、創世記に登場するヨセフが主イエスの父親だと考えたりするのは、説教を聞き始めた人が陥りやすい過ちです。聖書が旧約39巻、新約27巻で構成され、時代も紀元前15世紀から紀元後1世紀という長期間に書かれたということも、教えてもらわないとわかりません。『3分間のグッドニュース』には、正しい聖書理解に不可欠な知識を得てもらうという目的もあります。各巻の冒頭二頁は、そのために書かれました。

主な読者として想定しているのは、求道中の方ではなく、バプテスマを受けて教会生活をしている方々、聖書全巻を通読してみようという「野望」をもっている方々です。分厚い聖書を最初から最後まで読み通すとなれば、スポーツ選手にコーチがいて助言するのと同様、読み方のヒントを教えてくれる「手引き」があるほうが、より正しく理解できます。長く通読をしていた私も、手引きがない頃はただ物語を楽しむだけでした。マタイ福音書の冒頭や歴代誌のはじめの数章のように名前の羅列になると、「何でこんなことが書かれているの？」と疑問がわいても、「どうでもいいや」で終わっていました。

聖書を読んで疑問をもつのは良いことです。さらに良いことは、その疑問に正しい答えを見つけ出すことです。『3分間のグッドニュース』は、一つの章の内容を簡潔にまとめながら、そこで想定される主な疑問に、歴史的・文法的・文脈的にできるだけ正しく答えようとしています。長い章でも短い章でも、一つの章には一頁での対応です。当然、様々な質問にすべて答えているわけではありません。

この本は、読者が聖書を読み、その中から神の御声を聞き出すための助けです。自分勝手な解釈ではなく、聖霊が語られることを正しく認識するための手引きです。幼い子どもが自転車に乗れるようになるための補助輪のようなものと考えてください。

ペテロの手紙第一は、迫害から逃れて現在のトルコ北部に移住し、様々な困難に直面している信徒を励まし、彼らにイエス・キリストを信じていることがどれほど素晴らしいことなのかを教えている書です。ペテロは本書の冒頭で、これらの信徒が得ている「たましいの救い」とはどんなものかを説明します。ペテロは本書の冒頭で、これらの信徒が得ている「たましいの救い」とはどんなものかを説明します。普通、主イエスを信じた時に「救われた」と言うことが多いのですが、5節の「終わりの時に現されるように用意されている救い」という表現では、救いは将来のもののように思えます。「なぜこのように書かれているのか」という疑問をもつ人があっても不思議ではありません。その答えを探ることによって、深く豊かな「救い」の恵みがあることを学んでみましょう。

この手紙はまず、「**過去に経験した救い**」について述べます。これらの信徒は「父なる神の予知のままに……選ばれた人たち」でした。ペテロは、自分と同じ救いを経験した者として彼らを受け入れ、神は「イエス・キリストが死者の中からよみがえられたことによって、私たちを新しく生まれさせ、生ける望みを持たせてくださいました」と証言します。これは過去におこった出来事です。だからこそ、彼らはどんなに批判され迫害されても妥協せず、長い旅をしてこの地にやってきました。キリスト教信仰は、神から選ばれた人々がキリストの復活を信じることによって、新しいいのちを与えられることに他なりません。

その結果として、「**現在経験している救い**」が生まれます。ペテロは、「あなたがたはイエス・キリストを見たことはないけれども愛しており、今見てはいないけれども信じており、ことばに尽くせない、栄えに満ちた喜びに躍っています」と記し、彼らは、主を肉眼で見ていた自分よりも幸いな人々であると称賛するのです。

そうです。過去の救いを確信している者は、現在、喜びに躍ることができます。それこそが「信仰の結果であるたましいの救い」です。初代教会の多くの信徒たちは、厳しい迫害の中にあっても、この喜びをもっていました。大多数が貧しい人々によって成っていた初代教会が爆発的に拡大していったのは、この喜びがあったからに違いありません。

私も多くの「喜びの人」に出会いました。ある老人施設に入居されていたH姉は、月一度の自室での集会の日には嬉々として私たちを迎え、あふれる笑顔で励ましてくださいました。小学四年生ほどの身長で、歩行器を用いての生活です。青年時代、家族に反対されながらも主イエスを信じ、75歳で召天なさるまで、「感謝です」が口癖でした。生涯結婚もなさらず、何度も病の床につき、人間的に言うならば、幸せとはほど遠い生涯かもしれません。入院された時も、訪問するごとに自分のほうから祈り出されました。最期の日、無意識の中でも口は動いていました。祈りであることは明らかでした。

さらにペテロは、「**将来経験する救い**」を何度も繰り返していることに注目してください。三か所挙げてみましょう。「資産を受け継ぐようにしてくださいました」（4節）。「終わりの時に現されるように用意されている救いをいただくのです」（5節）。「キリストが現れるとき、称賛と栄光と誉れをもたらします」（7節）。これは、キリストが再び地上に来られる再臨のとき、つまり、私たちの地上の生涯が終わるときに経験する救いです。

この手紙が書かれたとき、宛先の信徒たちは試練の中にありましたが、それは「今、しばらくの間」でしかありません（6節）。ペテロは彼らが「生ける望み」を持っていることを知っていました。それは、「朽ちることも、汚れることも、消えていくこともない資産を受け継ぐ」ことです（4節）。この望みがあるなら、現在でも「大いに喜んで」いることができます。その資産は、どんなものでしょうか。

それは、主イエスの復活のからだと同じからだになることです。主は、「私たちの卑しいからだを、ご自分の栄光に輝くからだと同じ姿に変えてくださいます」（ピリピ3・21）。さらに、「傷のないものとなった栄光の教会」として、主の前に立つことができます（エペソ5・27）。そして、「神ご自身が彼らの神として、ともにおられ」、「死はなく、悲しみも、叫び声も、苦しみもない」新天新地に住むのです（黙示録21・3〜4）。

過去に罪の赦しを確信したとき、私たちは救われました。将来、約束どおりの資産を受け継ぐとき、私たちは救われます。そしてこの過去の赦しと将来の望みに生きるなら、現在、私たちは救われ続けていくのです。救いにはこの三重の意味があります。旧約聖書に登場する預言者たちは、この救いについて「熱心に尋ね求め、細かく調べました」(10節)。そしてそれを聖書に書き記したのです。

聖書を書いた人々だけではありません。過去2000年間、神のことばを語るように召された古今東西の聖徒たちも、この預言者の使命を受け継いできました。聖書を何度も読み、「熱心に尋ね求め、細かく調べました」。そしてそこで明らかになった真理を、書物として記してきました。罪ある人間、限界ある人間ですから、そこには間違いもあります。しかし、多くのクリスチャンたちが聖書を理解するために、大きな助けになったことも否定できません。私も、その歴史を受け継ぐ者の一人になりたいと願っています。

『3分間』を愛用しておられる方々から、感想を伺うことがあります。「今まで、疑問を持ちながらも、深く考えてこなかったことの意味がわかった」とおっしゃる方が多いのです。私も何度も聖書を読んできましたが、同じように「わかった!」と嬉しくなった経験は山ほどあります。その感動が毎日毎日続くとするなら、何と幸いなことでしょうか。

自分のために祈る（創世記　17章1～12節）

わたしは全能の神である。あなたはわたしの前に歩み、全き者であれ。（1節）

『3分間のグッドニュース』は、最後の10行ほどを、その章から学んだことを実際の生活に適用するための勧めと祈りに用いています。聖書から教えられる真理がどれほど深遠なものであっても、それが現実の生活と無関係なら、聖書本来の目指すところではないからです。毎日聖書を読むのは神の御声を聴くためですが、聴いただけで終わるなら、もったいないことこの上もありません。その御声に応答して祈ることが必要です。といっても、どう応答するかは人によって様々です。読者の背景を知らない私はそれを推測するだけですから、書かれている適用や祈りが「自分にはあてはまらない」と思われたとしても、不思議ではありません。あくまでも一例です。自分で静かに考えてみてください。

みことばに応答して、自分の生活に適用する方法を挙げてみましょう。まず、読んだ箇所に記してあった、主の命令や模範にそって生きているかどうかを考えます。できているなら心から感謝しましょう。主がその力を与えてくださったからです。もしできていなければ、素直に悔い改めましょう。「主よ、できていない自分を赦してください」と。しかし、それで終わってはなりません。「私は、主の十字架に拠り頼みます。こんな弱く罪深い私を愛し、身代わりとなってくださった恵みに感謝します」と上を仰ぎ、「今日も、私の心にいてくださり、私と共に歩んでくださると信じます」と告白してください。自分の罪の姿を見て落ち込むのではなく、恵みに満ちた主の御顔を見あげることが大切なのです。

次に、今日一日になそうとしていることを主に申し上げましょう。仕事のこと、家庭のこと、教会奉仕のこと。それらすべてについて「主よ、私に知恵と力を与え、導いてください。あなたと共に、これらのことをしていきます」と告白しましょう。

さらに、健康、経済、人間関係などで心配なことや悩むことがあれば、「思案せずに何事をもイエスに話せよ」（新聖歌200番）という勧めに従いましょう。その日学んだみことばから、慰めと励ましを受ける場合もしばしばあります。今も生きておられる主イエスは、祈り求める者に必ずこたえてくださいます。

創世記17章には、アブラハムが99歳のときの出来事が記されています。その直前の章は彼が86歳のときの記録ですので、13年間の空白があるのです。75歳のときに神の声を聞いて旅立ってからイシュマエルが生まれるまでの11年間、主なる神とアブラハムとの間には何度も対話がありました。しかしそれを超える長い期間、対話が記されていないのです。そんなときに神は彼に現れ、「わたしは全能の神である。あなたはわたしの前に歩み、全き者であれ」と仰せられました。この出来事によって、主なる神と私たち人間のつながりがどのように深められていくのかを学ぶことができるでしょう。

第一にそれは、「**御声を聴く**」ことによって始まります。12章1節で、主なる神は突然、アブラハムに「わたしが示す地へ行きなさい」と言われました。聖書も教会もない時代、彼はどうしてそれが神の声だと理解できたのだろうかという疑問がおこります。正確に答えることはできません。でも、彼は目に見える世界がすべてではなく、この世界を創造された目に見えない「全能の神」がおられると考え、自分に語られたのはその方であると受けとめたということはできるでしょう。その方を信頼して、彼は見ず知らずの地へ出発し、その後も、主の御声を聴き続けたのです。エジプトに行ったり、ハガルによって子を得ようとしたり、失敗もありましたが、御声を聴き続けたことは確かです。

「カーナビ」という便利な機械をご存じでしょう。目的地に行くのに最適な経路を教えてくれるのです。途中で道を間違えても、正しい経路に再び導いてくれます。宇宙にある衛星が常に車の位置を把握して、正しい情報を送ってくれるからです。それと同じように、主はみことばを通して私たちに語ってくださいます。もし間違った道に行ったとしても、御声を聴くなら正しい道に戻れます。逆に、御声を聴こうとしないなら、目的地にたどり着くことはできません。たとえ神の声が聞こえなかった（あるいは聴かなかった）期間があったとしても、神はアブラハムに再度、語られたのです。

さらに主は、「**御顔を見る**」ことを彼に教えられます。「あなたはわたしの前に歩み」と主は仰せられましたが、これは、主を背後において、主の前を進んでいくことではありません。「前に」と訳されているヘブル語は「顔に向かって」とも訳せます。つまり、主の顔を前に見ながら歩んでいくことです。天地を創造された全能の神は、私たちの肉眼で見ることなど決してできません。けれども聖書には、「主が御顔をあなたに向け、あなたに平安を与えられますように」（民数記6・26）とか、「御顔を　しもべの上に照り輝かせてください」（詩篇31・16）とかの表現があちこちにあるのです。では、「御顔を見る」とはどういうことなのでしょうか。

神の御子イエスは、「見えない神のかたち」です（コロサイ1・15）。「顔のある神」と言った牧師もおられます。その御子イエスを見て、共に歩んだのが弟子たちでした。さらに主の昇天後、聖霊がおいでくださった後には、たとい肉眼で主を見たことのない人でも、信仰によって主を見つめつつ歩むことができるのです（ヘブル12・2）。

主イエスは、幼稚園児の顔を見ながら後ろ向きに歩んでいる先生のようです。私たちも主イエスの顔を見つつ、歩んでいくことができます。だから、主の御顔が曇らないように生きていきましょう。「神の聖霊を悲しませてはいけません」（エペソ4・30）とはそういう生活であり、「わたしの前に歩む」とは、そのような日々をおくることです。

最後に、「御声を聴く」日々、「御顔を見る」日々は、私たちを「**御姿に似る**」者へと変えていきます。主とのつながりが深くなればなるほど、「全き者」として歩むことができるのです。それは失敗を犯さなくなることではありません。この後にもアブラハムはゲラルの王アビメレクをだまそうとしています（20章）。しかし22章では、ひとり子イサクを献げよとの主の命令に従う者になっているのです。

「全き者であれ」との命令の後で、主は彼の名をアブラム（高貴なる父）からアブラハム（多くの国民の父）と変えられたことに注意してください。また、サライもサラに変えられました（前者は世界で最初にハを入れた、つまり入れ歯をした人、後者は最初にイを除いた、つまり胃の除去をした人、というのは笑い話)。主が彼らを変えられたことを見逃してはなりません。御声を聴き、御顔を見るならば、主がその人を変えてくださるのです。ぶどうの木につながっているならば、ある程度時間はかかるでしょうが、必ず実を結ぶことができます。「聖霊の実」も同様です。御声を聴き、御顔を見る生活を忠実に続けるなら、ふと気がつくと、主の「御姿に似る」者へと変えられているのです。

毎日聖書を読んで主の御声を聴き、毎日祈りの中で主の御顔を見ているなら、私たちの言葉と行いが変わっていくのは自然のなりゆきです。聖書通読するのは、主の御声と御顔に接し、主との交わりを深めるためにほかなりません。もちろん聖書知識が深まっていくのは素晴らしいことです。しかし、「知識は人を高ぶらせ、愛は人を育てます」(コリント第一 8・1)。みことばによって自らが低くされ、キリストの愛が増し加わるとき、人に対する愛も増大します。

一つの会社を長く経営されていましたが、ある出来事がきっかけで、70歳で信仰に導かれた老兄。80歳になって聖書通読を始められました。「会社で訓示をするのは何の苦もないのに、祈りの言葉が出ません」と言われていたのに、自分から食前の感謝をするようになり、病床での奥様への言葉は「祈ってくれ」だったとのこと。栄光ある最期でした。127頁に記されている奥様の証しをお読みください。

他の人のために祈る（エペソ人への手紙　6章10～20節）

あらゆる祈りと願いによって、どんなときにも御霊によって祈りなさい。そのために、目を覚ましていて、すべての聖徒のために、忍耐の限りを尽くして祈りなさい。（18節）

聖書を毎日読んだ後、祈りの時間をもつことが大切なことはご理解いただけたと思います。御声を聴いた後、感謝と悔い改めと献身を主に告白する時間です。しかし、自分のための祈りの後には、他の人々のために祈る時も持っていただきたいのです。これを「とりなしの祈り」と言います。多くの先輩の先生方、また同僚の先生方にお尋ねしますと、だいたい同じような方法で「とりなしの祈り」をしておられます。祈る方々の名簿を手にして、一人ひとりの名前を挙げて祈るのです。私も、牧師となった最初の時から現在に至るまで、教会員名簿を手にして祈っています。

最近、聖書通読と祈りを始めた一人の姉妹が言っておられました。「先生、とりなしの祈りをしていたら、色んな人を思い出して、すぐに30分ほどたってしまい、仕事に遅れそうになりました。」確かに、聖書本文を読むよりも長い時間がたってしまう場合もあります。それで通読をあきらめることになるなら残念です。こんな方法はどうでしょうか。

①祈る人の一覧表を作る。本人だけでなく、家族や親戚など何人でも。

②一日の予定にふさわしい祈りの時間を定め、その時間内に祈れる人の数を決める。

③一覧表を見て、三日に一度とか、一週間に一度とか、回数を限定して祈る。

私は、教団委員長の重責を担った期間、130ほどあった教団の教会のため毎日祈っていたのですが、どうしても時間がとれなくなり、十のグループに分けたことがあります。一覧表に含まれている人から、具体的に「～のために祈って」との要請があるときは、そのための時間を作りましょう。通読を記録するノートに書き込むと、後日、感謝でいっぱいになります。礼拝や祈祷会で出された祈祷課題も記入しておくといいですね。

祈りの友をもつのは大きな励みになります。夫婦や家族での祈りはお勧めです。共に通読している兄姉がいるなら、顔を合わせて共に祈る時をもってください。毎日でなくてもいいです。電話で祈り合うことによって支えられることもよくあります。

パウロの手紙は、新約聖書の中に13通も含まれています。その中の4通、エペソ書・ピリピ書・コロサイ書・ピレモン書は、「**獄中書簡**」と言われ、ローマで軟禁状態にあったときに記されたと推測されています。彼は、以前のように地中海沿岸を旅して福音を宣教することはできません。しかし、「私はこの福音のために、鎖につながれながらも使節の務めを果たしています」（20節）と言うことができました。

彼は、次の三つのことによってこの務めを果たしていたのです。

第一は、「**主の大能の力によって**」です。パウロは、もはや自由に動き回ることができませんでした。もしできたとしても、「肉体に一つのとげ」を持っていたので、医者ルカや若いテモテの支えが必要だったでしょう。しかし彼は、「神のすべての武具」を身に着けていました。真理の帯・正義の胸当て・平和の福音の履物・信仰の盾・救いのかぶと・御霊の剣など、悪魔の策略に対抗するための六つの武具があったのです。福音宣教は、血肉に対する格闘ではなく、暗闇の支配者、もろもろの悪霊に対する霊的な戦いです。からだを用いて福音を宣べ伝えることは大切ですが、その働きを支えるのは、神の大能の力であることに気づかねばなりません。パウロは、「神が私たちの味方であるなら、だれが私たちに敵対できるでしょう」と確信をもって宣言しています（ローマ8・31）。

日本伝道隊の重鎮だった笹尾鉄三郎《ささおてつさぶろう》（1868 - 1914）は、この箇所を「われらの戦闘力の第一はわれらの無能、第二は主の大能」と説明しています。自分の弱さを知っていたなら、主に拠り頼むほかありません。パウロだけでなく私たちも、和解の福音を伝える使節の務めを果たすためには、まず、大能の主から霊的な力を与えられる必要があるでしょう。

第二に、パウロは「**御霊による祈りによって**」務めを果たしていました。18節から四度も、「祈りなさい」「祈ってください」と勧めています。軟禁状態にあるゆえに、彼は大半の時間を主との交わりに用いることができました。主イエスの御霊が自分の内にあることを確信していました。その御霊の思いをもって、それまで伝道してきた多くの人々のために祈り続けていたのです。

パウロは六つの武具を着けるよう命じていました。六つ目は「御霊の剣、すなわち神のことば」でした。唯一の攻撃用武器です。そういえば主イエスは、旧約聖書のみことばによってサタンの誘惑に打ち勝たれましたね。パウロは、それらに加えて七つ目の武具として、「御霊による祈り」を挙げたのかもしれません。他と同じように武具に譬えるなら、鉄砲でしょうか。大陸間弾道弾とかミサイルと言えば、もっと分かりやすいでしょう。居ながらにして、遠い所にいる敵をやっつけ、味方を守ることができるのです。

パウロの伝道によってできた教会に、迫害の嵐は吹き荒れていました。しかし彼は、エペソの教会をはじめとして、ピリピ・コロサイ・コリント・ガラテヤ・テサロニケなどの諸教会、あるいはアンティオキアやエルサレムの教会が敵の手から守られるよう、はるか離れたローマから、祈りのミサイルを撃ち込んでいたのです。また自分の働きのためにも、謙遜に「祈ってください」と願っています。たとえどんなに遠くにあっても、祈りは必ず届くという確信をもっていたからに違いありません。

第三に、パウロは「**忍耐をもって**」祈りなさいと言っている点に注意しましょう。彼は二年間ほど軟禁状態にあったと推測されています。なるべく早く無罪判決を受けて自由の身となり、再び諸教会を訪問したいという願いがあったでしょうが、願うとおりにはなりませんでした。神のご計画は人間の考えをはるかに超えています。二年という長期だったからこそ、彼は主イエスとの親しい交わりを経験し、深い真理を解き明かしているこれら「**獄中書簡**」を著すことができたのです。

現在も同じでしょう。毎朝祈りの時をもっています。自分のためにも人のためにも祈っています。しかし、その願い通りにならない場合がよくあるのです。その時、「祈ることに何の意味があるのだろう」と思うことがあっても不思議ではありません。

T兄姉には小学1年と3年のお孫さんがあり、二人とも教会学校の生徒です。娘さんのご都合でよく二人を預かっておられます。ところが弟君のほうがある病気にかかり、入院することになりました。教会挙げて祈っていましたがなかなか良くなりません。それでお兄ちゃんがT兄に、「僕も皆も一生懸命にお祈りしているのに、なぜ治らないの?」と尋ねたそうです。しばらく考えてから、「お祈りにはね、忍耐が必要なのだよ」と答えたとのこと。翌日、お兄ちゃんは「神様、感謝します。必ず退院できると信じます」と祈ったと、感激して報告くださいました。

「何度祈っても、神様は聞いてくださらない」という方にお伝えします。神様は、どんな祈りも願いも、100パーセント聞いてくださっています。しかし、自分の願い通りになるかどうかは別問題です。すぐ実現する場合もあるでしょうし、忍耐して待つ場合もあるでしょう。時には自分が願う以上のことをしてくださる場合もあります。大切なのは、真実な神様を信頼する私たちの信仰です。自分のためにも、他の人のためにも、神様は最善をしてくださると信頼するなら、心配はいりません。何年か後、「いつも喜んでいなさい。絶えず祈りなさい。すべてのことにおいて感謝しなさい」というみことばどおりに生きている自分に気づかれることでしょう。

第四章　通読でない読み方

聖書全体を読み終えた方は、別の方法を試すのもよいと思います。どのような方法があるか、ご紹介しましょう。

ある書全体を一気に読む（エステル記　4章）

私は王のところへ参ります。
私は、死ななければならないのでしたら死にます。（16節）

聖書を通読するため、毎日一章を読み祈ることを勧めるのがこの書の本来の目的です。しかし、「一章だけでは物足りない」と言われる方が時々おられます。そういう方はぜひ、旧約聖書39巻、新約聖書27巻のどれか一つの巻を選んで、その書全体を一気に読んでみてください。詩篇は１５０篇もあるので無理かもしれません。でも創世記ならば50章です。新改訳２０１７では１００頁足らずなので、数時間あれば読み通せるでしょう。そうすると、創世記全体の流れが分かり、この書が何を言いたいのかを理解できます。その後に、『3分間』の創世記の冒頭二頁に書かれている「解説」を読んでくださると、聖書はもっと興味深くなります。

たとえば推理小説を読むとき、10頁ごとに栞《しおり》を挟んで、楽しみを先延ばしにする読み方もあるとは思います。しかし多くの場合、犯人がだれかを知るために一気に全体を読む人のほうが多いでしょう。以前、「聖書のミステリー」という10回連続の伝道説教をしたことがあります。各回の副題は次のようなものです。①楽園殺人事件、②エデンの東殺人事件、③事件再発防止政策、④王宮殺人事件、⑤動機は何か、⑥名探偵危機一髪、⑦犯人の仕組んだ罠、⑧内部にいた裏切り者、⑨どんでん返し、⑩真犯人の逮捕。聖書を通読された方なら、どの箇所がテキストに選ばれているかを言い当てられるでしょうね。

普通の推理小説は、最後まで読んで筋書きがわかったら、繰り返して読むことはそう多くありません。でも優れた作品になると、2回も3回も読みたくなります。読むたびに伏線に気づき、「なるほど、そういうことか」と頷くのです。

聖書も似たところがあります。全体の筋が頭にあると、あちこちに「伏線」があることに気づくのです。聖書全体もそうですが、聖書66巻のそれぞれにも「物語」としての性質があり、起承転結を見出すことができます。一つの書を一気に読むと、そのような構成を見抜けるかもしれません。そしてついに、66巻を貫く一つの物語(「神の物語」と言われています)があることがわかると、聖書は一気に面白くなります。

物語として読むとわくわくする書の一つに「エステル記」があります。紀元前5世紀に中近東を支配したペルシア帝国の王宮を背景に書かれたこの書は、エステルという一人の少女が王妃となり、ユダヤ人虐殺計画を阻止するという筋書きで、勧善懲悪の好きな日本人の興味をそそる内容です。「神」という語が一度も使われていないのも、受け入れられやすい理由かも知れません。しかし熟読するなら、キリストの生涯を暗示する「伏線」を見出すことができます。まず十章全部を読み、起・承・転・結に区分けしてみましょう。1～2章、3～5章、6～7章、8～10章と分けるのは、一つの例です。

エステルは早くに両親を亡くし、親戚のモルデカイに育てられていました。抜きんでた美貌だったゆえ、失脚した王妃の後継者になることから、物語は始まります。彼女はモルデカイの命令に従い、自分がユダヤ人であることを明かしていません。彼女なりの計画があったかもしれませんが、モルデカイのことばに従い、「**自分の計画を委ねた**」のです。

私たちにも、自分なりの夢とか計画があると思います。しかし、いろんな事情でそれをあきらめねばならない場合もあるでしょう。それを悲しく思うのか、それとも、自分の思いを超えた神の計画がそこにあると受け取るのか、その違いによって、生き方は大きく変わります。エステルは、モルデカイにではなく、神に自分の計画を委ねたのです。

王宮での生活は、それまでとは比べ物にならないほど豊かで豪奢なものだったでしょう。しかし、そこには権力を得ようとする醜い争いが渦巻いていました。自分の前にひれ伏そうとしないユダヤ人モルデカイを憎み、彼とその民族を滅ぼそうとするハマンの登場で、物語は次の段階に入ります。ハマンは自分の立場を利用して、ユダヤ人虐殺計画を王に進言しました。そして一年ほど後に、その計画が実行されることになるのです。

これを知ったモルデカイとユダヤ民族はひどく悲しみます。モルデカイはエステルに、「自分の民族のために王からのあわれみを乞い求めるように」命じ、「あなたがこの王国に来たのは、もしかすると、このような時のためかもしれない」と背中を押すのです。モルデカイさえも予見できなかったこの悲劇を解決できるのは、王妃となったエステルしかないと思ったからでしょう。しかし、許可なしに王に会おうとするなら、死刑に処せられることを知っていたエステルは、最後にこう言います。「私は、死ななければならないのでしたら死にます」と。神に「**自分の命を委ねた**」エステルの覚悟のことばでした。

6章から場面は大きく転換します。たまたま王が記録の書を読んだことによってモルデカイの業績は評価され、エステルの決死の奏上によってハマンの悪事が暴かれるのです。モルデカイ処刑のために準備されていた柱につけられたのは、ハマンその人でした。

8章からは結論部分です。ハマンが出したユダヤ人虐殺の文書は取り消されませんでしたが、ユダヤ人たちを襲う民や軍隊に対抗できるという新しい文書が公示されました。「ユダヤ人の敵がユダヤ人を征服しようと望んでいたまさにその日に、逆に、ユダヤ人のほうが自分たちを憎む者たちを征服することになった」のです(9・1)。

神の名は一度もエステル記の中には出てこないことは事実です。しかし、すべての出来事の背後に、神のご計画があったことは否定できません。そしてその神のご計画が実現するためには、エステルが自分の計画や命を委ねる必要がありました。

ここまでは、エステル記から学ぶことができる真理です。しかし、新約聖書を知っている者には、エステルの生き方はキリストの生き方の「伏線」のように思えるのです。もちろん両者には大きな違いがあります。キリストは神であったのに人となられました。豊かであったのに貧しくなられました。エステルの願いは聞き届けられ、その命は守られたのですが、主イエスはそうでありませんでした。しかし、「委ねる」という点では同じです。父なる神のご計画のなかで、主は唯々諾々《いいだくだく》、十字架への道を歩まれました。そしてその最期にこう祈られました。「父よ、わたしの霊をあなたの御手にゆだねます」(ルカ23・46)。主はまさに、「**自分のすべてを委ねた**」生涯をおくられたのです。

神は今もご自分の計画をなそうとしておられます。御子イエスの十字架の死によって、ユダヤ人どころか、全人類を救おうとされています。しかし、その計画が実現するためには、エステルのように「委ねる」生き方をする人が必要なのです。

神学校時代の同級生のF牧師は、小学生時代に友だちの弁当を食べてひどく叱られたことがきっかけで反抗的な生き方をするようになりました。画家になるのが夢でしたがその道を閉ざされ、日本中を自転車で放浪した後、親戚を頼ってブラジルに行きます。そこでも青い鳥は見つからず、米国に行くのですが、そこで主イエスと出会いました。鼻水と涙で悔い改め、三か月目に神学校に入学します。とてもついていけなくて、何度も退学しようとしたそうです。しかし、教師や友人の祈りで踏みとどまり、無事卒業して自分の母教会で長年牧会伝道に励みました。帰国した今も牧師として歩んでいます。

牧師になるまでは、私と対照的に生きてきた彼です。しかし、すべてを主に委ねた点では何の違いもありません。神学校時代から二人で言い合っていました。「お互い、自分の証しをするときは、全く異なった生き方をした友人を紹介しよう」と。

どんな過去があったとしても、自分の計画を、命を、すべてを主に委ねたとき、びっくりするような物語がそこに生まれるのです。

旧約と新約の関係を考える（使徒の働き　8章26～40節）

お尋ねしますが、預言者はだれについてこう言っているのですか。自分についてですか。それとも、だれかほかの人についてですか。（34節）

通読する場合、普通は創世記から始めてマラキ書まで旧約聖書を読み、それから新約聖書のマタイ福音書に入って黙示録まで進むというのが一般的です。一度はその方法を取っていただきたいのですが、当然、別の読み方もあります。創世記の次はマタイ福音書、それから出エジプト記、その次はマルコ福音書と、旧約聖書と新約聖書を交互に読む読み方もその一つです。でも物語の筋が寸断されることが欠点です。交互に読むと、旧約と新約の内容や書き方の違いが分かって興味深いのですが、旧約と新約それぞれに物語としての筋書きがあることは理解しておいてください。

交互に読むなら、①「律法」と呼ばれる旧約聖書の最初の五書（創世記、出エジプト記、レビ記、民数記、申命記）の次に四つの福音書（マタイ、マルコ、ルカ、ヨハネ）、②旧約に戻ってヨシュア記からエステル記までの「歴史」を読んでから使徒の働き、③次に「詩歌」（ヨブ記、詩篇、箴言、伝道者の書、雅歌）を通読した後にローマ書からユダの手紙までを読み、④最後にイザヤ書以降の「預言」を読んでから新約聖書最後の黙示録に行くという方法をお勧めします。そのように読むと、①では「律法と福音」のコントラストがわかり、②では神の民の過去の歴史について、③では神のことばに従った現在の生き方について、④では将来に対する神のご計画について、新約と旧約のそれぞれの特色が把握できると思います。

旧約・新約とは、神と人の間に交わされた旧い契約と新しい契約という意味であることはすでにご存じでしょう。その内容を一言でまとめますと、旧約は「神の戒めに従う人への祝福と、背く人への苦難」ですが、新約は「神に背く人に注がれる神の恵み」と言えます。ですから、旧約聖書の背景がわかるなら、新約聖書の恵みの素晴らしさをより深く味わうことができるのです。新約聖書から読み始めた人も、ぜひ旧約聖書を読んでください。旧約聖書には、後に新約聖書で明らかになる神の恵みがあちこちに隠されています。それを発見することは大きな喜びになります。ある方は、「旧約の時代だったら私は間違いなく地獄行きだった。新約時代に生まれて良かった」と言われていました。

新約聖書がまだ成立していなかった時代に、旧約聖書が救い主イエスを示していることを明らかにした人物の一人が、使徒の働き8章に登場するピリポです。彼は十二弟子ではありません。でも初代教会で主に用いられていた人物でした。彼は主の使いに導かれて、エルサレムから本国エチオピアに帰る途上にあった宦官に出会います。宦官《かんがん》は、多分エルサレムで購入したと思われるギリシア語訳の旧約聖書写本を読んでいたのです。彼に近寄って話しかけたピリポの手引きによって、彼の目は次第に開かれていきました。

最初に、彼は「**無知を認めた**」ことを知ってください。「彼は礼拝のためにエルサレムに上り」と記されていますから、何千キロも旅行をしてきたのです。そんな苦労をしたのは、異邦人であっても、旧約聖書の伝える神を信じて救いを求めていたからに違いありません。女王に仕える高官で、ギリシア語も読める知識人でした。しかし、ピリポから「読んでいることが分かりますか」と問われたとき、「導いてくれる人がいなければ、どうして分かるでしょうか」と、正直に言い表したのです。

今でも、自分を「聖書読みの聖書知らず」と認める人は、少なくないでしょう。でもそこから始まります。聖書の字面を読むだけで、その深い意味を理解できない自分だからこそ、「目を開いてください」という祈りが生まれ、「導いてくれる人」を求めます。だれよりもよく導いてくださるのは聖霊です。主イエスが約束されたように、「聖霊は、あなたがたにすべてのことを教え」てくださいます（ヨハネ14・26）。その聖霊の働きのゆえに、牧師の説教やいろんな本とか注解書も「導いてくれる人」になります。『3分間のグッドニュース』はその中の一つです。どんな有能な人でも、どんな深遠な本でも、短期間にすべてを教えることはできません。時間をかけ、聖霊に拠り頼みながら聖書を読むときに、その深い意義が分かってくるのです。

聖霊の働きにより、「導いてくれる人」としてこの宦官のもとに来たのはピリポでした。たまたま（ではなく、これも聖霊の導きです）、彼が買ったばかりの旧約聖書を開いて読んでいた箇所は、イザヤ書53章でした。宦官はここに記されている「彼」とは預言者自身のことか、それとも別の人かと尋ねます。ピリポはこの問いに答えて、「イエスの福音を彼に伝え」、ナザレのイエスこそ、イザヤが預言した方であると解き明かしました。宦官はそれによって、「**福音を信じた**」のです。旧約聖書は、罪びとの罪を背負って「屠り場に引かれていく羊」がいることは預言しますが、その預言がいつ実現するかについては、口を閉ざしています。しかし「時が満ちて、神はご自分の御子を、女から生まれた者」（ガラテヤ4・4）として遣わされたことが、新約聖書によって明らかにされたのです。

旧約聖書の預言の大半は、主イエスの誕生・生涯・十字架・復活・昇天によって実現しました。成就しました。新約聖書の中に、旧約聖書からの引用が多いのは、まさにこのことを証明するためです。ペンテコステの日、ペテロはユダヤ人に、詩篇16篇で預言されていたお方を「あなたがたは十字架につけた」と訴えました。旧約聖書の預言を尊重していたユダヤ人が悔い改めたのは、それが分かったからにほかなりません。

神戸にあるユダヤ人の会堂（シナゴグ）を、神学生と一緒に訪問したことがあります。玄関で釘を刺されたのは、「新約聖書は、絶対に持って入らないでください」ということでした。旧約聖書で待ち望まれている「救い主メシア」を、未だに受け入れることができない方々のことを思うと、心が痛みました。

この宦官は、イエスが救い主キリスト（ヘブル語ではメシア）であることが分かったとき、すぐに「私がバプテスマを受けるのに、何か妨げがあるでしょうか」と言って、率先して「**バプテスマを受けた**」のです。きっと、主イエスご自身もバプテスマを受けられたことをピリポから教えられたからでしょう。でもさらに深い理由があります。彼は異邦人であるだけでなく、宦官でした。旧約聖書の律法では「主の集会に加わってはならない」と命じられている人です（申命記23・1）。しかし、キリストによってその律法は福音に変えられました。どんな民族でも、どんな立場の人でも、障がいがあっても、同じ神の民とされます。「ユダヤ人もギリシア人もなく、奴隷も自由人もなく、男と女もありません。あなたがたはみな、キリスト・イエスにあって一つだからです」（ガラテヤ3・28）。バプテスマは、新約聖書が約束する「公同の教会」の麗しいしるしです。

米国留学中に経験した多くの恵みの一つをお分かちします。「世界宣教学部」を擁するその神学校では、全世界の約40か国からの留学生や宣教師たちが学んでいました。イースター礼拝の時、司会者が「皆さん、それぞれの国の言葉で『主イエスは復活された』と告白しましょう」と促したのです。するとチャペルのあちこちから順番に、声が聞こえてきます。肌の色は違い、国籍は違い、年齢も性別も違う多くの人々が、「主イエスは復活された」という同じ信仰をもって、宣教という同じ目的をもって、世界中から集まっている。復活の主と共に生きている。そう思うだけで胸がいっぱいになりました。隣に座っていたアフリカから来た友人の目にも涙があふれていました。

旧約聖書には神の民に与えられる豊かな祝福が記されています。そしてそれらすべての祝福が、新約聖書においては、どんな罪びとにでも等しく与えられると約束されているのです。ただ、信仰によって義とされるという「イエスの福音」を受け入れるだけで。

ある箇所の構成を見出す（ヘブル人への手紙　9章11～15節）

また、雄やぎと子牛の血によってではなく、ご自分の血によって、ただ一度だけ聖所に入り、永遠の贖いを成し遂げられました。（12節）

毎日聖書を読むとなると、時間の制限もあるので、内容をじっくりと検討することができません。それで色々な手引き書を利用する方が多いのだと思います。しかし、余裕があるときには、一つの章か一つの段落を何度も何度も読んでいただきたいのです。するとそこに、その部分の構成や聖書記者の意図が見えてきます。

一例として、主イエスの復活を記しているヨハネ福音書20章を挙げます。主以外の登場人物はマグダラのマリア、ペテロと「もう一人の弟子」（多分ヨハネ本人）、十人の弟子、トマスです。彼らの対応の違いはすぐ分かると思います。でももう少し深く読んでみましょう。「見る」

という語がこの章に頻出していることに気付かれたでしょうか。新改訳2017では13回出てきます。それぞれの登場人物は何を見たのか、考えてみてください。どういう違いがあって、どのように発展しているかを熟慮してください。そうすると、最後に主イエスが「見ないで信じる人たちは幸いです」と言われた意味が深まります。

もう一つ、ルカ福音書15章を例にしてみましょう。この章には三つの譬え話が含まれています。百匹の羊、十枚の銀貨、二人の兄弟です（数が少なくなってくるのも興味深いですね）。はじめの二つの譬え話の終わりのほうには、「一緒に喜んでください」という句が繰り返されています。ところが、最後の譬え話の最後は、「喜び祝うのは当然ではないか」という表現になっています。なぜなのでしょうか。この章の冒頭の二つの節がヒントになります。ルカは明確な意図をもって、このような順番で記したのです。

この二つの例でもわかるように、同じ語句や表現に注意して読むと、その部分の構成を発見しやすいです。単に並列されているだけの場合もありますが、多くの場合、そこに発展があることに気付いてください。類義語が用いられる場合や、日本語では違う語でも、原語では同じという場合もあります。聖書を読むとき、同じ語に傍線を引いてみるのも一つの方法です。

ヘブル書9章にも、幾つかの語が頻出しています。契約、聖所、幕屋、大祭司、血、いけにえなど、多数ありますね。みな、旧約時代の罪の贖いの方法であった、いけにえに関する語です。血という語は何と12回も出ています。しかもよく読むと、いけにえの動物の血とキリストの血が比較されているのです。それは、11節から15節に明確に示されています。さらに興味深いのは、この短い箇所に「永遠の贖い」「とこしえ（永遠とも訳せる）の御霊」「永遠の資産」と、三度も「永遠」という語が繰り返されていることです。ここに旧約聖書と新約聖書を貫く「神の救いの計画」が凝縮されています。

第一に「**永遠の贖い**」について考えてみましょう。エデンの園から追放されたアダムとエバに、神は「皮の衣を造って彼らに着せられ」ました（創世記3・21）。その背後には動物の血が流されていたはずで、罪を犯した彼らに与えられた神の「贖い」のしるしでした。出エジプトの時には羊の血が、イスラエル人の家の門柱と鴨居に塗られました。「わたしはその血を見て、あなたがたのところを過ぎ越す」と神が約束されたからです（出エジプト記12・13）。そしてこのことが、罪を犯した者が聖なる神の前に出るために必要だった、幕屋と神殿における「贖い」の儀式の原型となりました。それ以降、「初めの契約」に生きるイスラエルの民の歴史で、どれほど多くのいけにえの血が流されたことでしょう。

ところが「新しい契約の仲介者」であるキリストは、「ご自分の血によって、ただ一度だけ聖所に入り、永遠の贖いを成し遂げられました」。千年以上続いていた旧約の大祭司の贖いの働きを、ただ一度、ご自分の血によって完了されたのです。

10年以上前、こんなドキュメンタリー番組がテレビで放映されました。奈良県のある小学校で、食物がどのように自分たちのもとに届けられるかを学ぶため、一匹の子豚をクラスで飼育することにしたそうです。子どもたちは「P子ちゃん」と名付け、餌をあげて育てました。十分に大きくなった頃、先生は「それではこれを業者に渡して、肉にしてもらいましょう」と言ったのですが、子どもたちは大反対。当然です。皆が愛していたP子ちゃんを食べることなど、とてもできません。しかし最終的に業者が連れていきます。子どもたちは大泣きしたということです。

動物でも愛をもって育てると、その死は大きな痛みをもたらします。まして、私たちを愛してくださっている神の御子キリストが、私たちのために犠牲になられたことが分かるなら、誰が感動しないでおれるでしょうか。「二度と御子を十字架に追いやるようなことをしたくない」という熱い気持ちが湧いてきます。動物ではなく神の御子がいけにえとなられた過去の事実こそ、神の救いの計画の中心的出来事でした。

第二に、「**とこしえの御霊**」の働きを見てみましょう。キリストは「傷のないご自分を、とこしえの御霊によって神にお献げに」なりました。御霊の働きがあってこそ、救いの計画は進められたのです。さらに現在、「私たちの良心をきよめて死んだ行いから離れさせ、生ける神に仕える者に」してくださるのもまた、とこしえの御霊なのです。

聖書を読むときに、説教が語られるときに、祈っているときに、いえ普段の生活をおくっているときにも、御霊は働いておられます。問題は、この御霊の働きを認め、受け入れるかどうかです。私たちを愛してくださっている主イエスの御霊が、現在も自分と共にいてくださる、私の内に働いてくださるという信仰があるなら、時間はかかるかもしれませんが、必ず「御霊の実」は結ばれていきます。とこしえの御霊は、私たちが現在変えられていくための力となってくださるのです。だからこそ、毎日毎日、聖霊の助けによって聖書を読み、主イエスと交わる時が必要になってきます。

第三に、「**永遠の資産**」について考えてみましょう。神の計画は、過去と現在だけに限られてはいません。それは将来にも及ぶものです。私たちの過去の罪は十字架の贖いによって完全に赦されました。現在は、御霊の実を少しずつでも結ばせていただいています。それだけでも感謝なのに、将来もっと素晴らしい資産があると聖書は約束するのです。パウロは、「聖徒たちが受け継ぐものがどれほど栄光に富んだものか」を私たちが知ることができるように、篤く祈っています（エペソ1・18）。

そうです。私たちには「神の国」という、他では決して得ることのできない財産が約束されています。そこは、「もはや死もなく、悲しみも嘆きも痛みもない」新しい世界です（黙示録21・4）。死に至る病をもっている私たちのからだが贖われるところです（ローマ8・23）。アブラハムは、「約束のものを手に入れることはありませんでしたが、はるか遠くにそれを見て喜び迎え」ていたとヘブル書の著者は証言し（11・13）、アブラハム以外にも、この資産を「信仰によって」望んでいた多くの先達たちを描いています。まだ罪と弱さの中にある現代の私たちにも、この将来の資産は約束されているのです。今、それを「信仰によって」手に入れ、喜びをもって歩もうではありませんか。

「神の救いの計画」は、天地創造のときから始まり、将来の新天新地の創造に至るまで、いえその後の神の国での生活にまで及ぶ永遠の広がりを持っています。それを聖書は、「創世記」から「黙示録」までの66巻に詳細に描くのです。その全体は「神の物語」と言うにふさわしいでしょう。しかもこのような広大な計画が、ある短い箇所からも知ることができるのは、聖書が神のことばである証拠にほかなりません。

早朝祈祷の恵みを知る（哀歌　3章19〜27節）

実に、私たちは滅び失せなかった。主のあわれみが尽きないからだ。
それは朝ごとに新しい。あなたの真実は偉大です。（22〜23節）

『3分間のグッドニュース』を、早天祈祷会で用いてくださっている教会があります。まず聖書を一章輪読し、『3分間』の解説を読み、それから参加者で祈るというパターンが多いようです。皆で集まって通読すると一人で通読するよりも長続きしやすいと、数人の方から聞きました。もし教会の都合で早天祈祷会を行えない日や、自分の体調や所用で参加できない日には、自分だけで別の時間にすれば良いでしょう。早天祈祷会でなくても、教会で毎日決まった聖書個所を読むことは、通読の励みになります。

２０２１年春に赴任した西宮聖愛教会では、コロナのゆえに早天祈祷会はしばらく休会になっていたのですが、5月から再開しました。事前に定められた聖書を一章読んだ後、毎朝6時に送ったメールで『3分間』のその章の解説を読み、四つの課題に従って祈るのです。これをきっかけに、これまで念願だった聖書通読を開始した方もおられます。ある求道中の方も、「3年3か月後が楽しみです」と言って、始めてくださいました。

もちろん、聖書を読んで祈る時間を朝だけに限定する必要はありません。自分の生活スタイルにあった時間を作り出せば良いのです。しかし、幼い時から朝に聖書を読み、祈る時をもってきた者として、早天祈祷会ではなく一人で祈る場合でも、朝の時間が良いと思う理由があるので、幾つか挙げてみたいと思います。

①聖書から神の声を聞き、祈って始める一日は平安だから。主イエスが今日も共にいてくださり、導いてくださるとの確信が強められ、思いがけない出来事にも対処できます。

②時間がとりやすいから。サラリーマンや学生は家を出る時間が決まっており、主婦や牧師でも仕事は山積みです。でも、半時間早く起きるなら、時間は確保できます。

③頭がすっきりしているから。これは人によって違いがあるでしょう。私は夜10時を過ぎるとぼんやりしてしまいます。夜は、「主よ、古い自分に死にます」と祈るだけです。

大切なのは、この習慣を身につけることです。歯磨きを朝にする人、夜にする人、1日3回する人と様々でしょうが、それが習慣になると、しないではおれません。

私の愛する預言者エレミヤは悲しみの人でした。エレミヤ書に続く「哀歌」は、伝統的に彼の作と推測されています。紀元前6世紀、バビロニア帝国がエルサレムの町を包囲し、徹底的に破壊する現場を目撃していたエレミヤは、この悲劇はイスラエルの民が神に背いた当然の結果であることを認めて、この悲しみの歌を詠いました。けれど彼は、涙を流しながらも「私は待ち望む。主の恵みを」と祈ったのです。エレミヤにとって、「主の恵み」は、全地を覆う真っ暗闇の中に差し込む一条の光だったに違いありません。

第一に、それは「**苦難の中で**」与えられる恵みです。神の民として選ばれたイスラエル、アブラハムと結ばれた契約に誠実に応答し、祝福の源となるはずのこの国でした。しかし実際のところは神の御心に背き、自分勝手に生きていたことは、歴史を見れば明らかです。主なる神を信頼せず、大国に寄りすがってきた結果がこの始末。2章最後には「主の御怒りの日には、生き残る者もいませんでした」と記しています。さらに、預言者としてこの国の罪を指摘し、神に立ち返るよう叫んできたのに、「私は一日中、民全体の笑いもの、彼らの嘲りの歌となった」と嘆き、「私のたましいは、ただこれを思い出しては沈む」と、沈痛な口調で苦難の歩みを訴えるのです。

主イエスを信頼している私たちも、同じような苦難を経験したことがあるかもしれません。主に従おうとしたゆえに苦難にあったこと、人を助けようとしたのに誤解されたこと、あるいは自分自身の犯した罪ゆえの苦難もあったでしょう。しかし、どんな苦難も主の御手の中にあります。「苦難が忍耐を生み出し、忍耐が練られた品性を生み出し、練られた品性が希望を生み出す」のです（ローマ5・3〜4）。苦難の中でこそ、私たちは必死で主に叫び求めます。祈ります。主の恵みを待ち望むしかないからです。

第二に、それは「**あわれみによって**」与えられる恵みです。「恵み」と「あわれみ」は旧約聖書に頻出する語で、新改訳2017では前者は241回、後者も101回出てきます。しかし驚くべきことに、この哀歌では前者は1回、後者は2回しか用いられていません。『聖書神学事典』（いのちのことば社）によれば、前者は「契約関係における神の愛」を、後者は「愛の感情的側面」を表しているとのこと。後者はもともと「胎、子宮」という意味で、「胎児や新生児という最も弱く、力のない者を保護し、養う」というニュアンスがあるそうです。自分たちの蒔いたものを刈り取り、神のさばきの真っただ中にあるイスラエル。神の期待に応える力のない、弱い民であることは百も承知の上で、それでもエレミヤは「私は待ち望む。主の恵みを」と祈りました。なぜなら、真実な神は、自分の弱さや罪深さを知っている者をこそあわれまれると知っていたからです。

22節は父の愛唱聖句の一つでした。何度、「われらの尚ほろびざるはエホバの仁愛によりその憐憫の尽ざるに因る」（文語訳）という句を父の祈りの中で聞いたことでしょう。当時その意味は理解できなかったのですが、不思議に私の耳に残っています。滅ぼされて当然であるにもかかわらず、この時に至るまで「滅び失せなかった」のは、ただただ、主のあわれみのゆえだと、私も確信をもって告白することができます。

そして第三に、それは**「朝ごとに新しい」**恵みです。エレミヤはエルサレムの滅びを目撃していたのですが、それでも神のあわれみにより、自分も含めて残された民がいたことは事実でした。だからこそ彼は21節と24節で二度、「私は待ち望む」と言います。さらに26節では、読者に対して「主の救いを静まって待ち望むのは良い」と（これら三か所は哀歌の中で「待ち望む」が用いられている全ての例）。たとえ絶望的に見える状況の中でも、彼は主の恵みを、主の救いを待ち望みました。新しい朝が来るたびに。朝ごとに与えられたマナを集めるがごとくに。

私たちが罪の中から救われたのは、行いによるのではありません。ただ神の恵みによって救われました。パウロは言います。「この恵みのゆえに、あなたがたは信仰によって救われたのです。それはあなたがたから出たことではなく、神の賜物です」（エペソ2・8）。そうであるなら、神の恵みをもっともっと待ち望みましょう。聖書通読と祈りは、決して「行い」ではありません。その行為が救いをもたらすのではありません。ただ、自分の罪を、自分の弱さを知っているがゆえにこそ、主の約束に信頼し、主のあわれみに拠り頼むしかないのです。苦難を乗り越え、解決する力がないからこそ、信仰によって主の救いを待ち望むしかないのです。そう分かるなら、「私が弱いときにこそ、私は強いからです」（第二コリント12・10）というパウロの叫びに、「アーメン」と叫ぶことができます。

もう10年ほど前のことですが、ある方が「先生、私は寝るときに古い自分に死に、朝起きるときに新しい自分によみがえると信じています」と証ししてくださいました。私は心打たれ、私もその信仰で歩もうと決心しました。就寝のときに「主よ、御心に適わなかった私の罪を悔い改め、古い自分に死にます」と祈り、起床のときに「復活のいのちが与えられたことを感謝します」と祈ります。そして聖書に向かうのです。するとみことばは新しい力を与え、死ぬべきからだが生かされていることを実感します。

聖書通読は豊かな恵みをもたらしてくれます。一日ごとに、一年ごとに、新しくされていく自分を発見できるのです。この本を通して聖書通読にチャレンジする方がおこされ、クリスチャン生活が喜びに満ちたものとなるよう、心より祈っています。

第五章　聖書通読の証し

聖書通読をしている多くの方々に体験を分かち合っていただきます。みなさん、苦労しながらも、豊かな恵みを受け取られています。

私の聖書通読の方法

池田中央教会信徒　田中　佐和

今から40年以上前の1979年、私の通っている教会ではそれまで使用していた口語訳聖書を新改訳聖書に切り替えることになり、当時の牧師の発案で、家庭で新改訳聖書を用いて創世記1章から毎日一章ずつ通読し、3年後に黙示録22章を読み終えたとき、教会では正式に、新改訳聖書に切り替えようということになりました。それから私たちの教会では、みなで聖書の同じ箇所を毎日一章ずつ続けて読む習慣ができました。

その後、鎌野牧師が赴任して来られ、最初はテレフォンメッセージとして一章ずつ、その日に読む箇所の解説を毎日録音してくださり、電話するだけで鎌野牧師の臨場感溢れる解説を聴くことができ、祈りに心を合わせられるようになりました。後に、それが『3分間のグッドニュース』としてまとめられ出版されてからは、私の聖書日課の手引き書として用いています。旧・新約聖書を「律法」「歴史」「詩歌」「預言」「福音」に分けて、それぞれ一冊ずつの書籍になっているので、**コンパクトでとても使いやすい**です。また、聖書66巻のそれぞれの最初に、その書巻全体のテーマや概要が書かれていて、これから読み始める前の導入に役立っています。

特に、イザヤ書から始まる「預言書」と呼ばれる17書巻は、私にとっては難解で、ひとりで聖書を読んだだけでは、理解できないことが多くあります。そこでその日の箇所を一通り読んだあと、『3分間のグッドニュース』を手に取ると、その日の箇所について、時代背景、南北王朝や隣国との関係、先に読んだ「歴史書」とのつながり、また登場人物について、場面の展開ごとに分かりやすく解説されているので、再度聖書に戻って読み返すと、今度は情景が目に浮かぶように頭に入ってきます。

その後もう一度手引き書にもどり、今度は後半の私自身への勧めと祈りの導きの部分を読みます。私の信仰の土台の見直しや、日々の生活への適用に役立ちますが、ときには書かれている祈りの導きに、「今はそこまで決心がつかないなあ」と思う場合もあり、そんなときは素直に自分の気持ちを正直に祈ります。それが私の課題となりますが、3年後に同じ箇所に戻ってきたとき、あれほど難しかった祈りの導きが不思議に解決されていて、改めて感謝の祈りを捧げるといった経験をすることもあります。

私は、このようにして聖書通読とともに『3分間のグッドニュース』を愛読しています。

デボーションの習慣

池田中央教会信徒　安良　修

　私が社会人となって、最初に赴任した先は大阪でした。馴染みのない土地のために不安が伴いましたが、教会生活については、学生時代にお世話になった東京、渋谷教会の牧師から勧められた教会を訪ねました。そこが日本イエス・キリスト教団 池田中央教会でした。以来、東京勤務の7年を除きますと、50年以上、同教会で礼拝を守りながら信仰生活を導かれて今日に至っております。

　同教会の礼拝と諸集会で頻りに勧められましたのが、聖書の学びと「密室の祈り」(デボーション)でした。聖書を読み、魂への語り掛けに応えて祈ること。この幸いはいつも意識の中にありましたが、「聖書全巻」を読み続けることには、忍耐が要りました。聖書通読のしおりとしての書物を幾つか見つけ、その助けを頂きましたが、魂への語り掛けには足りない日々を経験するなどして、幾度となく挫折感を味わったものです。

その様な悪習を突き破るきっかけになったのが、池田中央教会に遣わされた鎌野善三牧師のテープによる「3分間のテレフォンメッセージ」でした。当教会に着任されて間もなく始められたもので、これが私の聖書通読に対する助けになったのです。

惹き付けられた理由がいくつかあります。先ずは3点。一つは各章を3分間に集約して語られたこと、二つ目がダイヤルするだけで耳に入ること、三つ目は、語り口が少し早いが、分かりやすい話し言葉であることでした。仕事で外泊するときも、手術で入院しているときも、自分の意思さえあれば聴き入ることが出来ました。

密室で聖書を読み、3分間の電話メッセージに集中すると共に、黙想し、祈る生活。これを主の恵みによって続けることができました。時には病に罹り、臥せりながらメッセージを聞き、申し訳ないと思いつつ、そのまま祈ったことも幾度か……。確かに持続力が試されることがありますが、乗り越えた時に思いもかけない恵みに満たされたことも、数え切れません。以来、この電話メッセージを基にしつつ聖書通読を続けることが出来ました。

メッセージを聞き始めて数年経過したころでしょうか、記憶は定かではありませんが、ある時、先生に提案しました。「先生、折角ここまで続けて来られたものを、電話メッセージのままで終わらせるのは勿体ないです。是非とも活字にし、書籍として残してください」と。その時の先生の反応が肯定的であり、好意的であったことに、内心嬉しくなったものです。間もなく、旧新約聖書全巻を5冊にして手にする感激を味わい、今日までその恩恵に与っています。

5年ほど前から私の聴力が著しく低下したため、現在は補聴器に頼らざるを得ない状態です。でも、『3分間のグッドニュース』が活字となって読めますから、聴く集中力を要しないのは大きな助けであり、言葉に尽くせない感謝です。

先に「3分間のメッセージ」に惹き付けられた理由として、三点を述べましたが、最も大切なことを申します。それは、各章の後半において、聖書のみ言葉の真意をひも解き、語り掛けられる言葉と、最後の祈りです。静まって謙虚に求めながら読み進めると、読者に適用される言葉がストレートに私の心と魂に糧となって入り込み、悔い改めて、思わず「アーメン」と声になるのです。これは感謝です。

「もし私たちが自分の罪を告白するなら、神は真実で正しい方ですから、その罪を赦し、私たちをすべての不義からきよめてくださいます。」（ヨハネ第一 1・9）

新型コロナによる感染が世界的に広がる中で、取り巻く社会環境は一変し、私たちは従来とは異なる新しい生活観念と活動様式が求められています。そのような中で、神様の御心に従うためには、どのようなことが求められるのかについて、常に考え、祈る日々が続いています。

三分間の「グッドタイム」

池田中央教会信徒　今西千恵

「えっ、嘘!?　本当に?」

五分冊のうち最初に購入した「福音」の背表紙裏、確かに私の字で記された購入日付を最近見つけた時に出た言葉です。本書と共に聖書を毎日一章ずつ読む、という私の中での「決まり」が、約20年に渡って続いている事実を改めて知らされ驚き、その後愕然としました。私は何か変われたのでしょうか……。

毎朝の食事後、と決めている聖書通読のために『3分間のグッドニュース』は私にとって「ガイドブック」「手引書」であるだけではなく、**日常の始まりに潤い**を添えてくれる、**欠くこ**

との出来ないアイテムの一つです。静かなみことばの波に浸らせてくださる本書に対峙し、文章が頭に入りにくいことも時にはありました。この20年の間、私の周囲で公私共に起こった様々な出来事が頭をよぎります。それでも次の日には、その続きが用意されていました。私が頁を開くのを待ってくれていました。弱い私が今まで聖書通読を続けるためにどれほど力強く手を離さずにいてくれたか、その都度感謝するものの、はてそれでは、その結果、クリスチャンとして、人として、多少なりとも私は成長しているのでしょうか。冒頭の疑問が再び涌き出ます。その証拠に、目にしたのが何度目であっても、胸に痛みを覚える箇所は同じなのです。

「私たちは、形式的に礼拝を守っていることだけで満足してはなりません」(「福音」112頁)、「神に感謝もせず、人にも分け与えず、ただ自分だけを愛する生活は、多少の自己満足があろうとも、ひからびた荒野のようなものです」(「律法」195頁)等……。神様のさらなる支えと励ましを祈るしかありません。

残念ながら、繰り返し出会っても、「昔はそうだったな」と過去のこととして穏やかに通り過ぎることの出来ない箇所もあります。「今でも悩み苦しんでいる人々がいます。飢餓に苦しむ国々もあります」(「詩歌」118頁)、「コンピューター時代になっても、人間にはできないことがたくさんあります」（「詩歌」240頁）、「人類の歴史を見るならば、科学や技術が発展するにつれて、戦争や環境汚染による被害もひどくなっていることに気がつきます」（「福音」287頁）。

世界中が同じ理由で有事にある現在、ことさら心に響きます。これらも神様のみこころであるならば、何年か先、この箇所に行き当たった時はどんな日常にあるのか、期待と不安の両方がある私は、信仰の弱い者です。

その時どんな状況にあろうとも、朝食後には本書を開き、今より少しは成長した私が3分間の「グッドタイム」を過ごしてのち聖書を味わう、そんな一日の始まりであればと願っています。

聖書マラソン

玉野聖約キリスト教会牧師　三浦栄樹

「人はパンだけで生きるのではなく、神の口から出る一つ一つのことばによる。」
（マタイ4・4）

聖書を読んで理解したい。聖書の全体像をつかみたい。聖書の持っている深みに自分も浸っていきたい。何よりも福音の豊かさにもっともっと目が開かれていきたい。これは神の子どもとされたクリスチャンの基本的な欲求ではないかと思います。『3分間のグッドニュース』は、この欲求に見事に応えてくれるテキストです。「なるほど、ここはこう読めばいいのか。こういう意味なのか。」私自身も同書から多くの恵みをいただいており、また、私が遣わされている教会でも、この『3分間のグッドニュース』を用いている方が何人もおられます。

この『3分間のグッドニュース』は、旧新約聖書66巻の各章がそれぞれ一頁にまとめられており、文字通り、各章のグッドニュースを3分間で学べるようになっています。著者の持っておられる深い聖書理解の中で、それぞれの章の要点が非常に分かりやすくまとめられており、霊的洞察から適用、そして祈りへと自然に導かれていく内容です。

教会においても個人においても、困難を感じるときに立ち帰らなければならないところは、みことばと祈りという基本です。「神の口から出る一つ一つのことばによる」とイエスさまは語られました。「一つ一つのことば」です。「**毎日毎日のみことば**」と読み替えてもいいかもしれません。世俗のことばと価値観が氾濫している中、クリスチャンといえどもその勢いに流されてしまいやすいものです。日々神のみことばを読み、祈りつつ聖書的価値観をどんどん吸収させていただきたいと思っています。神は不変の神ですし、罪人である人間の実相も何千年経っても変わりません。聖書通読は、その神と人間の全体像をより豊かに浮かび上がらせてくれます。

私自身、聖書通読がいかに牧師としての働きを助けるものであるかを実感しています。説教のために祈り労しているときに、聖霊が私をあわれんで、聖書通読で読んだ聖書箇所を思い出させてくださり、説教全体をまとめてくださいます。これは私にとって、週ごとに実感している主の助けです。主の御名を崇めずにはおれません。

通読で気をつけることは、読んで理解できないからと言って、挫折してしまうことではないでしょうか。そのために、通読用のテキストがあります。『3分間のグッドニュース』は、まさに、**聖書通読に座折しないための最適の書物**です。そのように本書を利用するなら、確かな聖書理解のバックボーンが出来上がります。主日の説教もより理解できるようになるでしょう。信仰の足腰が強められていきます。

これからも通読の際の座右の書として用いさせていただき、聖書を読み通し、何度も読み通して、神のみことばを味わっていきたいと思います。そして神のみことばの中を歩んでいきたいと思います。

実は、著者の鎌野善三師は、私の母教会の牧師で、私自身、先生のメッセージに養われていく中で献身に導かれました。先生は、毎回三つのポイントに的確にまとめられたメッセージ、そして豊かな牧会で定評があります。その先生が、聖書全巻を網羅するデボーションの本を書いてくださったことは、とても感謝なことです。

主人を変えた聖書通読

西舞鶴教会信徒　石田和子

主人は70歳で受洗しましたが、礼拝には惰性で出席しているような状態で、聖書に書かれていることも、あまりわからないと言っておりました。それが、80歳の時、鎌野先生が牧会されるようになってから、説教の内容が少しずつわかるようになってきたと言うようになり、『3分間のグッドニュース』全冊を購入してから、さらに変化が現れました。

主人は、「自分で決めたことは必ず実行する」が口癖でした。毎日欠かさず、朝9時に聖書と『ベラカ』（日本イエス・キリスト教団発行の月刊誌）と『3分間のグッドニュース』をテーブルに並べ、1時間ほど学んでおりました。わかりやすい言葉で、しかも、たった3分という短い時間で、聖書の理解を深めてくれる『3分間のグッドニュース』で、聖書はより身近なものになり、特に、その章を締めくくる最後の数行と、お祈りの部分が気に入っていたようです。

体調を崩して入院してからも、10日程は聖書が読めていたらしく、私たちが看護師さんに託した手紙が挟んでありました。最後まで主を信じ、聖書の言葉に拠り頼みながら天国に召されたことで、私たち家族も言い知れぬ平安を与えられ、心から主に感謝しています。

今は私が主人に習って、毎日、聖書と『ベラカ』、そして『3分間のグッドニュース』を並べて学び、祈りの時をもっております。

私が求めていた聖書日課

高岡バプテスト教会信徒　**白野妙子**

もう40年近く前、信仰決心をする前から、先にクリスチャンになった友人に勧められて聖書を読み始めました。しかし、わからないことだらけ。時代がオーバーラップして語られたり、急に詩の形の書が出てきたりする旧約聖書はもちろん、新約聖書もドラマチックな福音書以外は、いまいち……。そんな私も、信仰を持ち、徐々に聖書のメッセージは**旧約から新約への大きな流れ**の中で語られているということがわかってきて、聖書を通読したいと思うようになりました。

考えてみると、私はもともと学校でも世界史や日本史が得意ではなく、丸暗記で乗り切るタイプでした。一つ一つのドラマや事件には興味を感じるのですが、それぞれがどのようにつながり、歴史を作り出していくのかをつかむ力が乏しいようです。それに加えて、聖書には聞き慣れない名前やよく似た名前もしょっちゅう出てきます。実は私は地名や人の名前を覚えるのも少々苦手なのです。

どうやら私にはガイドが必要ということを自覚し、何種類かの聖書日課を使ってはみたのですが、なかなかしっくり来ませんでした。毎日違う聖書箇所から指定箇所を読む形のもの、聖書箇所を引用した後に著者のエピソードに字数がさかれているもの等々。どうも私が求めているものとは違う気がして、挫折してはまた心機一転、「今度こそは」と新しいものに手を出すことが続きました。

私の手元にある鎌野善三先生の『3分間のグッドニュース［福音］』は、2002年の第二刷のものです。この本を手にしたとき、敬愛する鎌野先生の著書であることにドキドキしたのはもちろんなのですが、ページをめくってみて、これこそ私が求めていた聖書日課だと感じました。巡り会うまでにちょっと時間がかかりすぎたような気もしますが。

まず「**福音**」からスタートしていますが、どの巻も聖書の章の進行に準じて読み進めて行きます。このシンプルさが私にはぴったり。複数の書巻をまたぎながら読む形のものでは、私は迷子になりがちでした。

聖書の一章に一ページの解説。その解説がとてもわかりやすいのです。私は教師なので、難しいことを難しく教えること、やさしいことをやさしく教えることは簡単だけれども、難しいことをやさしく教えることは大変骨の折れることであると知っています。それを、鎌野先生はご自身の礼拝説教さながらに聖書をやさしく解き明かしてくださいます。ただし、だじゃれは封印して（笑）。私自身が使って本当にわかりやすいと思ったので、よく「聖書は難しい」と言っていた義母に「福音」編をプレゼントしました。また、現在在籍している教会で、ある高齢の兄弟（故人）が時折私に聖書について質問されることがあったので、一冊（多分「律法」編。今は私の手元にないので）差し上げたのですが、その後、全巻購入したいと言われたこともありました。

解説の後に応答の祈りの導きがあります。聖書が私たちに語っていることにどう応答すべきかが短く示されています。聖書箇所は聖書箇所、祈りとなったらひたすら自分のお願いのオンパレード……とならずにすみます。

そして、この本には日付がついていません！　私のような万年挫折型の人間には、この日付がついていないことが大きな助けです。日付がついていると、読めなかった日があれば、その日の分を必ず読まないと次に進めないというプレッシャーになり、それが続くと一回に読むべき量が雪だるま式に増え……。結果はご想像にお任せします。

このような通読劣等生の私に、神様は特別に聖書と真剣に向き合う時を時々備えてくださいました。3週間から一か月程度の海外研修引率等の出張の仕事が、数年に一回程度あったのです。「ただで海外旅行ができていいね」と言われることもありますが、問題の起きない研修はありません。周囲には相談できる人はほとんどおらず、多数の生徒の責任を持つということに緊張が続きます。土地勘のない場所で、礼拝にはほぼ出席できないので、スーツケースには聖書と聖書日課を必ず入れて出発しました。今振り返ると、日常生活を離れるこのような機会に、聖書と祈りによって神様のみに頼って過ごすことの恵みを学ばせてくださったのだと思わされます。

信仰を持ってすぐの頃は、何か劇的なみことばが与えられることを期待しつつ聖書を読んでいたような気がします。しかし今は、旧約新約聖書を通して読むことにより、いつの時代も生きて働かれている主を知り、その主が私とも共にいてくださることに感謝を覚えるようになりました。

「あなたのみことばは　私の足のともしび　私の道の光です。」（詩篇119・105）

祈りに支えられた恵み

アメリカ　インディアナ州　風早淑恵

私は、現在は米国インディアナ州におりますが、丹波柏原で育ちました。二軒の家が繋がっていた古い住宅の壁一枚隔てたお隣に住んでおられたのが、鎌野良作牧師ご夫妻と当時高校生の善三先生でした。私の家庭はキリスト教には全く無縁でしたが、お隣から毎日祈っておられる良作牧師の声には気づいていました。

主人の仕事の関係で29歳のときに渡米し、憧れの海外生活をスタートしました。でも実際には文化、言語の違いで、不安と孤独と悩みの中にありました。そんなとき、米国中西部で伝道なさっていた故・正木 茂牧師（1927－2017）にお会いしました。日本人が数人しかいないアメリカの片田舎で開かれた聖書の学び会のことでした。お友達の誘いで参加したものの、キリスト教に「警戒心」を持っていました。しかし、正木先生は鎌野良作先生と古くからのお知り合いで、丹波柏原の教会にもよく来られていたとのことで、不思議な巡り合わせに警戒心が一気にほぐれました。その日、「放蕩息子」の話を聞き、滂沱《ぼうだ》の涙と共に私の罪を認め、私の罪のために死んでくださったイエス様を救い主として心に受け入れました。

善三先生には20年ほどご無沙汰しておりました。一時帰国した際に受洗したことを知らせましたら、とても喜んではるばる会いに来てくださいました。そして、「祈りが聞かれました！」と顔を輝かせておっしゃいました。そしてこの『3分間のグッドニュース』を受洗のお祝いとしてプレゼントしてくださいました。

私は不思議な経緯でイエス様にお会いしましたが、そのことはまるで自分の手柄のように勘違いしていた部分がありました。でも、善三先生の言葉に「はっ」とさせられました。何年も私の知らない所で忍耐を持って祈っていてくださった実が結ばれたのです。

『3分間』を読み進みますと、通読の手引きとしてはもちろんのこと、それぞれの**章の明快な解説**と、**章ごとの締めの祈り**。日本語のメッセージに飢える海外在住キリスト者にとっては、何よりのものでした。日本とか海外とかに関わらず、混沌としたこの世を生き抜く命綱のようなものでもあります。全編、「祈り」が浮き上がってくるように思います。読み手である私たち信徒への篤い熱い祈りと、神様のことを伝えるために全身全霊をもって仕えておられる先生の姿が浮かびあがります。また、ご家族や周りの信徒の方々の祈りが行間から溢れてくるようです。再読するたびに新たな発見があり、主のなさることに毎回圧倒されるような気持ちになります。皆様にもこの恵みを味わっていただきたいです。

放蕩息子に与えられた恵み

札幌羊が丘教会信徒　日野秀彦

私は、「背骨コンディショニング」という体操教室の仕事をさせていただいています。また、体操のインストラクターと背骨矯正する人を育成する「背骨コンディショニング協会」の代表もしています。今は祝されておりますが、多くの苦難と神様の導きがありました。

母がクリスチャンということで、13歳の時、洗礼を受けました。でもその後、世の中に反抗するようになり、教会から離れて喧嘩にあけくれ、20歳になるまで保護司が付くことになりました。しかし、不思議なことに、その保護司の勧めで始めたトレーニングがきっかけで、会社を始めるに至ったのです。

これを機に、ご利益的にまた礼拝にいくようになりましたが、信じるのは神様ではなく、自分の力でした。自分と金を追いかけることが中心になっていて、また礼拝に行かなくなりました。それを見ておられた神様は、全ての仕事で成功することをストップされました。借金取りに追われ、体にも異常がおこりました。生活保護を受けようと国の機関係に申請しても受け入れてもらえず、最後は時間の感覚もわからない状態になりました。

苦しいときの神頼み的な祈りしかしてないくせに、最後の最後には「こんなに苦しめる神などいらない」と暴言をはきました。その時、聖霊の語りかけがありました。幻聴ではなく、はっきりと心に直接語りかけられてきました。「そう言うのであれば、いままでの神との関係はどうなのだ」という問いかけでした。それに続き「神の言葉に耳を傾けているか、聖書を読んでいるか」と問われました。私は「まともに通読した事もありません」としか答えられませんでした。「では、読みなさい」というお声でした。

聖書を読んでいくうちに、「私たちがまだ罪人であったとき、キリストが私たちのために死なれたことによって、神は私たちに対するご自分の愛を明らかにしておられます」(ローマ5・8)を示されました。その愛は、天地創造の前から始まっていました(エペソ1・4)。この神様の言葉で「自分は愛されている。神様に背を向けていた時でも一方的に愛してくれている。しかも、人間の想像を超える愛をもって愛してくれている」という事が心から判りました。そして、神様は私と神様の関係を修復させる為にこの試練を与え、私のような自己中心で短絡的で身勝手な者、背をむけている者にも一方的な愛を与えてくれることに気づかせてくださったのです。この時から信仰的に復帰し、礼拝にも行くようになり、現在の仕事でも祝されるようになりました。

後で知ることになったのですが、これらの試練の時にも私のことを教会で祈ってくれていた人がいました。また、家族も祈ってくれていました。その陰での祈りに答えて、神様の深い憐れみが働いたのだと思います。

その頃、鎌野善三先生が聖会の御用で私の教会に来てくださり、『3分間のグッドニュース』があることを知りました。放蕩息子の期間が長かった私にも、難しい言葉がないので、**聖書を読む手引き**として、大きな助けになりました。もともと、3分間の電話メッセージを録音したところから始まったということを聞きましたが、確かに、直接、鎌野先生が自分にメッセージを語りかけてくださるように心に入ってきます。最後に、祈りが二行で記されていて参考になります。先生に短く祈っていただけるように感じられます。

私の職場でも、「聖書は難しいし、理解出来ない」という人がいます。そういう人にこの本を紹介しています。それに導かれて、教会に行く人も何人かいました。数か月前、仕事で大阪に行ったとき、すでに『3分間』を勧め、ちゃんと読んでいたある同僚を誘い、西宮聖愛教会に行きました。その後、彼は毎週のように礼拝に出席し、今は「洗礼を受けたい」という気持ちをもってくれています。本当にうれしいことです。毎日聖書を読むとき、神様は確実に働いてくださることを確信しました。

聖書通読に支えられて

東大宮福音自由教会信徒　橋田容子

国際基督教大学に入学したころ、私は心が暗く不安な状態でした。生きることに喜びを感じられませんでした。大学で生きる目的を見つけたいと思っていました。大学のチャペルで「帰れや」という神様の声を聞いて、キリストを信じることにかけようと決心し、19歳で洗礼を受けました。

そのころ、鎌野さんたちが始めた「聖研しゃろうむ」に参加するようになりました。4～5人のグループでしたが、共に聖書を学び、語り合う仲間ができ、本当に幸いな時でした。苦学しながらも常に明るく主を証ししていた鎌野さん。将来は牧師になると聞いて、楽しみにしていました。

それから20年後でしょうか。この聖研の同窓会が開かれ、鎌野さんと再会しました。皆の前で堂々とメッセージを語る牧師になっていました。一年に一度の集いでしたが、『3分間のグッドニュース』が出版されるたびに、リュックの中にそれを詰め込んで持ってきて、私たちにプレゼントしてくださいました。

私といえば、内科の医師と結婚し、三人の子どもを育てました。主人は病院勤務をやめて開業し始めたころでした。家の裏には、年老いた主人の両親もいて、介護も必要でした。忙しい毎日の中で、『3分間のグッドニュース』を手引きとして聖書を読み祈ることは、大切な安息の時でした。一年に一冊。これが5年続き、私の手元には5巻がそろっています。

本箱から取り出すと、どのページにも赤線が引いてあります。その日読んだ個所から何を教えられ、何をすべきかというところです。それまでも教会で聖書通読は勧められ、実際に始めてみたのですが、意味がわからなくなることが多かったのです。しかしこの本では、わずか一ページなのに、わかりやすく解説されていました。それは**マナのように**私の心を十分に満たしてくれました。毎日マナを食べながら荒野を旅したイスラエル人のように、私も、主と共に、忙しい仕事の中で守られながら、通読を続けられました。

朝早く、診察の順番をとりに来る人々。そのような病む人々をあわれむことを、共にいてくださる主が教えてくださいました。主人の仕事も、昼の診察だけではありません。夜中に容態が悪くなり、往診することもたびたびありました。信仰をもって、使命として受けとめていたから、できたのでしょう。

聖書から奥深い真理を日々汲み取り、生きる力を与えられ、希望を持つことの大切さ。『3分間のグッドニュース』は、日々、私の心を神様からの光で照らしてくれました。こんな小さな者でも、人々を助ける使命があることを知らされ、喜びに満たされました。神様と鎌野牧師に、心から感謝をささげます。

「聖書通読会」を始めました

京都聖徒教会信徒　矢野正行

私の教会には、十代後半から40歳までのクリスチャンが、教会員の子弟だけでも20人程度います。礼拝人数を20人確保するのが難しい教会が私たちの教団内に少なからず存在する中で、数だけに注目すれば恵まれていると言えるでしょう。

しかし、前記20人程度のうち、毎日聖書を読み、礼拝にもほぼ欠かさず出席し、月定献金を継続している者の数となると、おそらく数人、いやひょっとすると一人いるかどうかという状況です。福音を継承し、子々孫々、主に仕える家族の群れを形成するどころか、**教会の存亡**に関わることで、危惧せざるを得ません。私を含め親の不徳の致すところもありましょうが、それを言っても仕方なく、何とかしてこの状況を打破しなければなりません。策を神様に祈り求めていたところ、せめて礼拝に出席するために教会に来た日ぐらいは、聖書を一緒に読みながら、恵まれた聖句を語り合ったり、聖書の中の疑問点をぶつけ合ったりする機会を設けてみてはどうか、と思い浮かびました。

そこで、教会役員会の承認を得て2016年5月より、毎週の聖日礼拝の前に、**「聖書通読会」**と称して、30分程度聖書を輪読した後、自由にコメントする会を開くことにしました。少しでも早い時期に達成感を味わうため、新約聖書から読み始めました。毎回5～8名の参加者が与えられて恵みを分かち合い、祝福されていますが、参加者は毎回全て高齢者でした。それでも一年間で新約聖書を読み終えました。

続いて旧約聖書を読み始めるにあたり、新たな人、特に若い人が加わるように、またせっかく若い人が参加しても難解さの故に脱落することのないように、何か策はないかと祈っていたところ、示されたのが『3分間のグッドニュース』です。新約聖書を終える数週間前に、「聖書通読会」で本書を使用することを週報などで周知したところ、旧約聖書の通読開始のときから、元教会役員の男性二名が新たに常連として加わりました。それまでは私ともう一名を除く他は女性ばかりでしたので、これで男女均衡するようになったのです。

本書は、聖書66巻の各巻ごと、もしくは同じカテゴリーの数巻ごとの初めに、全体の解説が質問と回答の対話形式で掲載されています。聖書通読会では、質問文を司会者が本当に質問するかのような調子で読み上げた後、回答を読みます。質問を聞いて問題意識をもった上で回答を聞くので、なるほどと納得し、理解が深まります。続いて聖書の輪読に入ります。この場合も本書は、たとえ聖書のある章が長かろうと短かろうと、ちょうど一頁を割いて解説されているので、一章輪読するごとに本書を一頁読むことができるという、使いやすい体裁になっています。しかも各頁の冒頭数行にその章の要点が書かれ、その後、段落ごとに詳しい説明がなされているので、本書を持参していない参加者でも、司会者が音読するのを聞いているだけで理解できます。そして、各頁の最後に祈りが書かれており、御心にかなう祈りができるように導かれます。

長年信仰をもっておられるある参加者は、列王記第二2章を輪読した後、本書の解説を聞いて、「エリシャがエリヤに『あなたの霊のうちから、二倍の分を私のものにしてください』と言ったのは、エリヤの良い後継者になりたいという意味であるのが、良く理解できた」と仰ってました。

40年以上聖書を通読している私も、今さらですが恥を捨てて述べれば、本書のおかげで、アダム（初代）に始まる二代目カインの系列の七代目が殺人犯レメクであるのに対し、二代目セツの系列の七代目は神とともに歩んだエノクであり、信仰が末裔の人生にまで影響すること（創世記5章と6章）や、出エジプトのとき、神様は外国人もイスラエル人と行動することで救おうとなされたこと（出エジプト記12章38節）など、漫然と通読しているだけでは見過ごしそうな点に気づかされ、ますます神様のご計画や聖書の奥深さが伝わってきたような気がします。

「聖書通読会」は依然として若者の参加者が与えられず、高齢者ばかりですが、まず祖父母や親の世代が十分に恵まれよ、というのが神様の御心なのかもしれません。そのための**聖書通読のモチベーション**として本書は最適だと思います。

早天祈祷会の恵み

西宮聖愛教会信徒　加納愛子

鎌野善三師・喜恵子師が、この4月に、西宮聖愛教会に就任されました。**早天祈祷会**は、コロナ禍のため教会での集会は困難なので、家庭で早天の時を持てるようにしてくださいました。「聖書通読をどこから始めたいでしょうか」と、信徒にアンケートをとってくださり、創世記第1章から始めることになりました。5月1日から始まったのですが、9月1日現在、民数記7章まで進んでいます。

毎朝6時前に、その日の個所の説明をスマホかパソコンに送信してくださいます。清々しく爽やかな朝の空気に神様の創造の御業を思いつつ、聖書を学んで祈ることができることを、心から感謝しております。

聖書の学びによって、神様の偉大さ、限りない御愛、御慈しみにますます圧倒され、魂を探られ、信仰生活を省み、悔い改め、聖霊の助けを求め、感謝のうちに日々歩むことができる幸いをかみしめています。

聖書通読では、毎日一章ずつ聖書を読みます。その章の解説は、とても解りやすく、心に入り、目が開かれる思いです。祈りの課題も挙げられていますので、それに従って祈ります。私個人の祈りも加えて、ともに祈っています。

祈祷課題は、

①その章から教えられ、与えられる、日々の指針となる祈り。

②その時の世界の問題、教会や教団に関する課題、特に最近は、政治家・医療関係者・介護関係者の働きのため、また神学校や献身者のための祈り。

③各信徒の課題を挙げての祈り。あらかじめ記入するための用紙が週報ボックスに入れてあるので、各信徒が自分で記入します。家族の状況や体調もわかり、お互いに安否を問うことができて感謝です。

④私たちの教団に属する各教会のための祈り。北海道から順に、教会と牧師夫妻の名前が挙げられ、牧会や伝道のための課題が記されています。

久しぶりに大学ノートを用いて、書き込んでいます。一冊目がほとんど終わろうとしています。書くことにより、みことばがさらに深く心に染み入るように思います。

聖書を学ぶことによって祈りが深められ、神様への感謝とともに、神様に訴えるような切なる祈りをささげております。

ただ神様の御力により、限りない憐れみと恵みによって御恩寵のうちに生かされてきた八十年余です。ただ感謝のほかありません。イエス様の十字架の御血潮を仰いで罪赦され、愛されている者として、すべてを最善に導いてくださる主の御手にすがりつつ、歩んでまいります。


「わが恵みなんじに足れり、わが能力は弱きうちに全うせらるればなり」（Ⅱコリント12・9）。

「汝らは価をもて買われたる者なり。さらばその身をもて神の栄光を顕せ」

（Ⅰコリント6・22）。


これらのみことばが、いつも心に響いてきます。残る生涯、みことばと祈りによって神様のみこころを知り、全身全霊をもって神と人に仕え、主を証しするものへとされたいと祈っております。そのために聖書通読が備えられていることを心から感謝しております。

聖書を共に聴こう

一般財団法人日本G&M文化財団　代表理事　**文　俸柱**

鎌野善三牧師、また『3分間のグッドニュース』との出会いは、私にとって神様から与えられた素晴らしい恵みでした。この『3分間のグッドニュース』は、聖書の全書巻の一章ずつが3分で説明されています。でも、聖書の内容を短く説明することは、多くの知識を持つ牧師にとっても、とても難しいことです。しかし、鎌野先生は簡潔にそして恵み深く各章を解説しています。鎌野先生のこの名著は、通読に苦労している多くのクリスチャンたちを助ける素晴らしい書籍です。

しかし、一人で毎日読み続けるのは簡単ではありません。そこで私は、**食事のように**みんなで一緒に味わう方法を紹介したいと思います。私が代表理事を務めている「一般財団法人日本G&M文化財団」は、2019年11月に「聴くドラマ聖書」という無料アプリを開発し、リリースしました。これは、『聖書 新改訳2017』を多くの有名な俳優や声優の方に読んでいただき、BGMや効果音を付けてドラマ仕立てしてオーディオ化したものです。今まで多くの方々が御愛用くださり、2021年9月現在で13万ダウンロードを突破しました。

実は、私たちがこの「聴くドラマ聖書」アプリを開発した目的は、聖書の時代に行われていたように、みんなで一緒に神様のみことばに耳を傾けてほしいという願いからでした。ですから私たちの財団では「みんなで聖書 PRS Bible Club」という集まりを勧めています。PRSは「ともに聴く聖書朗読 **P**ublic **R**eading of **S**cripture」の頭文字をとったもので、旧約聖書の時代からずっと実践されている方法です。これをお手本にして、集まって聴くことを大切にしています。そして少し長く聴くことも大切にしています。

「聴くドラマ聖書」アプリは、毎日の通読の助けになる20分プラン、30分プラン、45分プランを搭載していますが、これを利用して、詩篇、旧約、新約、詩篇の順番に聴きます。さらに旧約と新約を聴く前に、簡単に短く、その日聴く内容を解説します。解説をなるべく短くするのは、人間の言葉ではなく、神のことばに集中するためです。

私は、この**解説の準備**に『3分間のグッドニュース』を利用しています。各章のポイントが押さえられているだけでなく、内容をどのように信仰生活に適用するべきかの勧めもあります。集まった人たちはこの解説を聴いた後、みことばに耳を傾けます。そうすると聖書の内容がよく理解でき、さらに**自分の霊的生活への適用**がとてもしやすいのです。

私はこのPRSを、個人的にも毎朝行っています。コロナ禍でクリスチャンたちは集まりが持ちにくくなりましたが、私はズームを使って愛する兄弟姉妹と毎朝集まり、「聴くドラマ聖書」の音声を共有しながら、みことばに耳を傾けます。この時に『3分間のグッドニュース』を利用して解説をします。この素晴らしい解説書のおかげで、毎朝の解説準備が大変でなく、むしろ新しい発見もあり、楽しく解説をしています。

『3分間のグッドニュース』は、皆さんが個人的に通読するときだけでなく、**教会の集まり**や、**バイブルスタディグループ**などを持つときにもお勧めの書籍です。ぜひ皆さんもこの素晴らしい解説書を利用して、神様のみことばに耳を傾ける集まりを持ってみてください。そうすれば聖霊の御声がもっとはっきりと聴こえるようになるに違いありません。

神様が鎌野先生を通して、このような素晴らしい書籍を日本に与えられたことを心から感謝します。そしてこれからも鎌野先生と一緒にみことばを伝える神様の御業に励みたいと思います。

あとがき

疫病・異常気象・戦争に加え、飢饉の恐れも報道されるようになりました。旧約の預言者も、新約の黙示録も、共通して警告してきたこれらの出来事に、「わたしに立ち帰りなさい」と叫んでおられる主の御声を聴く思いがします。だからこそ、静かに聖書を読み、自分と世界のために祈る人々がさらに増えるよう、祈る日々です。

多くの兄姉のご協力を得て、無事、原稿を仕上げることができました。十二人のお証しを読ませていただいて、みことばを読み、それを自分に適用して祈っておられる一人ひとりのお姿が目の前に見えるようです。このような毎日が、聖書に基づく世界観や人生観を築き上げ、主のみこころに沿った行動ができるようになると信じています。どんなに混乱している現在の世界であっても、主の支配下にあります。その主のみこころに基づいて行動する信仰者こそ、この世界を変革していくに違いありません。

半ば「自叙伝」ともいえるこの書の最後に、私たち夫婦と子どもたちのことを書くことをお許しください。１９８３年に私たちは結婚しました。もう少しで40周年を迎えます。この間、まさに二人三脚で牧会伝道に励んできました。この書の中でいろんな方々の証しを記していますが、ほとんど、妻・喜恵子と共に経験した出来事です。本書のすべてを読み返し、良きアドバイスをしてくれました。

妻とは、結婚前年の6月にお見合いをしました。一緒に食事をしているときに、あまりにも食が細いので、「身体の具合が悪いの?」と尋ねました。「私、長生きできないんです」との答え。びっくりして「何か持病があるの?」と言うと、「美人薄命といいますから」との一言でした。現在64歳でも元気なのはなぜ? という素朴な疑問があります。

娘・愛喜子と息子・善樹は、様々な真理を教えてくれました。親と子の関係は、神と人との関係に似ていると思うことは数多くありました。高校時代まで、学校に行く前に二人の頭に手を置いて祈って送り出しました。今はどちらも結婚し、子どもを一人ずつ授かっています。孫と共に過ごすことができる楽しさは、経験した人はみなご存じでしょう。

今も毎朝、妻と一緒に祈りの時をもっています。教会員のため祈るのはもちろんですが、娘と息子の一家、また私たち夫婦の家族のために祈らない日はありません。

2021年11月　アドベントを前にして

鎌野善三

著者略歴：
鎌野善三（かまの・よしみ）
1949年、兵庫県に生まれる。
国際基督大学卒業後、関西聖書神学校、Western Evangelical Seminary、Fuller Theological Seminaryで学ぶ。
３つの教会の牧師として奉仕の後、2015年４月から関西聖書神学校校長として後輩の指導に当たった。現在、西宮聖愛教会牧師。

著書：3分間のグッドニュース［**歴史**］（ヨベル、2019：改訂新版、[2]2021）、3分間のグッドニュース［**詩歌**］（ヨベル、2019：改訂新版）、3分間のグッドニュース［**律法**］（2019：改訂新版）、3分間のグッドニュース［**福音**］（2019：改訂新版）、3分間のグッドニュース［**預言**］（2020：改訂新版）
3分間のグッドニュース［律法］（2002、[3]2016）、3分間のグッドニュース［歴史］（2002、[4]2016）、3分間のグッドニュース［詩歌］（2003、[4]2016）、3分間のグッドニュース［預言］（2004、[4]2017）、3分間のグッドニュース［福音］（2001、[6]2016）

YOBEL 新書 074
チャレンジ！　聖書通読

2021年12月10日 初版発行

著　者 ── 鎌野善三
発行者 ── 安田正人
発行所 ── 株式会社ヨベル　YOBEL, Inc.
〒113-0033 東京都文京区本郷 4-1-1　菊花ビル 5F
TEL03-3818-4851　FAX03-3818-4858
e-mail : info@yobel. co. jp
装丁 ── ロゴスデザイン：長尾 優
印刷所 ── 中央精版印刷株式会社

配給元―日本キリスト教書販売株式会社（日キ販）
〒162 - 0814　東京都新宿区新小川町 9 -1
振替 00130-3-60976　Tel 03-3260-5670

ISBN978-4-909871-61-9 C0216

聖書は、『聖書 新改訳 2017』（新日本聖書刊行会発行）を使用しています。

ヨベルの既刊書（税込）　お求めは https://yobel.co.jp まで

日本イエス・キリスト教団明野キリスト教会牧師　大頭眞一

聖書は物語る　一年12回で聖書を読む本

正木牧人氏・評（神戸ルーテル神学校校長）本書の用い方を考えてみた。牧師が一般の人々に案内し教える。牧師が自分の学びのために用いる。神学校等の教材として学べるよい長さだ。夫婦で学ぶ。高校生に教養として。大学生のサークルで。CSの先生が聖書全体の流れを把握するのもよい。草の根運動のように様々なところで学びが始まったら、教会が、日本が、世界がかわる。

六版出来　A5判上製・一一二頁・一二一〇円　ISBN978-4-946565-84-7

聖書の学び会のテキストや教科書として多くの方々に使用されています。

聖書はさらに物語る　一年12回で聖書を読む本

工藤信夫氏・評（精神科医）人々は今日でも恐らく世界中のベストセラーである聖書を知りたい、読みたいと願っている。にもかかわらず**これまでのキリスト**教は、なにか人々のニーズに応えかねているのではないだろうか。キリスト教界の大きな課題の一つに違いない。聖書を「神の物語」と捉えていることは興味深い。

四版出来　A5判上製・一一二頁・一二一〇円　ISBN978-4-907486-19-8

マイケル・ロダール著 大頭眞一訳 **神の物語 上・下**

《電子書籍化》決定！＊重版準備中　各一五四〇円

ヨベル新書043・三三〇頁 ISBN978-4-907486-19-8

ヨベル新書044・三〇四頁 ISBN978-4-907486-19-8